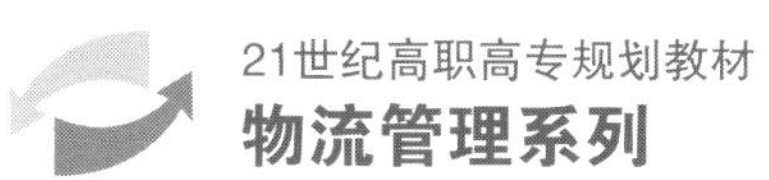

物流综合实训

主编◎季永青　江建达　副主编◎钟大勇

Integrated Logistics Training

中国人民大学出版社
·北京·

图书在版编目（CIP）数据

物流综合实训/季永青，江建达主编．—北京：中国人民大学出版社，2014.5
21世纪高职高专规划教材·物流管理系列
ISBN 978-7-300-19218-5

Ⅰ.①物…　Ⅱ.①季…②江…　Ⅲ.①物流-物资管理-高等职业教育-教材　Ⅳ.①F252

中国版本图书馆CIP数据核字（2014）第078981号

21世纪高职高专规划教材·物流管理系列
物流综合实训
主　编　季永青　江建达
副主编　钟大勇
Wuliu Zonghe Shixun

出版发行	中国人民大学出版社		
社　　址	北京中关村大街31号	**邮政编码**	100080
电　　话	010－62511242（总编室）		010－62511770（质管部）
	010－82501766（邮购部）		010－62514148（门市部）
	010－62515195（发行公司）		010－62515275（盗版举报）
网　　址	http：//www.crup.com.cn		
经　　销	新华书店		
印　　刷	固安县铭成印刷有限公司		
规　　格	185 mm×260 mm　16开本	**版　　次**	2014年6月第1版
印　　张	12.25 插页1	**印　　次**	2021年8月第5次印刷
字　　数	252 000	**定　　价**	23.80元

前 言

随着经济全球化步伐的加快和我国经济社会的快速发展，我国的现代物流行业发展十分迅速。物流行业的快速发展带动了社会对物流人才的需求，物流管理专业也是高职院校开设最多的专业之一，如何培养物流行业所需的人才是高职院校物流管理专业人才培养所关注的重点。

目前，我国高等职业教育人才培养的构架是以校企合作为基础，以工学结合人才培养模式为实施平台，以专业建设为龙头，以课程改革为根本，以教育教学研究为支撑，以技术应用和技能培养为着力点。这种构架决定了学生的实践技能在人才培养方案中受到重视。物流管理专业由于其专业涉及面广、行业以小企业为主等因素，开设物流管理专业的高职院校在实训课程的开发上参差不齐。

目前，开设物流管理专业的高职院校，在物流管理专业课程的教学中大多是采取理实一体化的授课模式，对物流管理专业综合实训课程进行开发与实施的很少。应中国人民大学出版社的邀请，我们编写了本教材。本教材以浙江交通职业技术学院物流管理专业的人才培养为基础，一方面充分吸收国家骨干高职院校建设的成果，立足物流管理的核心课程，将核心课程的核心环节纳入本教材，以达到对物流管理综合实训的目的；另一方面融入企业的操作实际，以缩短学校与企业间的距离。同时，本教材充分考虑了各高职院校实验实训条件的差异，尽可能从通用的角度出发，以满足相关高职院校物流管理专业实训的教学要求。

本书在编写前进行了广泛的调研和课程开发工作，中国人民大学出版社的编辑前往多所国家示范高职院校对物流管理专业实训课程的教学进行调研，课程编写团队也对相关兄弟院校进行了调研，并邀请企业人员加入编写团队。浙江交通职业技术学院的季永青教授负责编写项目三和项目四，江建达老师负责编写项目一和项目六，UPS 杭州分公司的钟大勇经理负责编写项目二和项目五。

由于编者水平和经验有限，书中难免有各种疏漏，欢迎读者批评和指正。

编 者

2014 年 3 月

目　录

项目一 企业物流业务实训

企业物流是指企业内部的物品实体流动。它从企业的角度研究与之有关的物流活动，是具体的、微观的物流活动的典型领域。企业物流又可区分为以下不同类型的具体物流活动：企业供应物流、企业生产物流、企业销售物流、企业回收物流、企业废弃物物流等。随着分工的进一步细化，企业物流在具体的物流业务上越来越倾向于外包，因此企业物流的工作将越来越聚焦于企业采购、生产和销售的排程，企业物流部的各工作岗位也将围绕这一排程展开。

任务1
企业物流部岗位分配与职责设定

企业物流部负责企业的物流管理工作，其岗位人员由物流人员及部门负责人组成，具体从事企业物流管理中的采购、计划、仓储管理、库存管理等工作。本任务按照企业物流部岗位的分配、岗位职责的设定进行实训。

一、任务描述

正确认识企业物流部在企业中的地位和工作范围，对企业的发展具有决定性的意义，而工作最后都要落实到岗位上。因此，要想对企业物流部进行岗位分配就必须先确定企业物流部的工作范围，同时为了理顺工作关系，有必要对物流部的组织结构进行了解。选择一家生产企业，采取调研、资料收集等方式来确定其物流部的岗位设置，通过这样的模拟来达到实训的目的。本任务将以一个服装制造企业为例，为该服装制造企业的物流部进行岗位分配及职责设定。

二、实训目标

（1）能够界定企业物流部的工作范围；
（2）能够明确物流部的工作，划分相应的职能和岗位；
（3）能够设定各工作岗位的职责；
（4）能够画出物流部的组织结构图。

三、实训任务

将学生分为若干组，各组选出一个负责人，由负责人组织小组成员讨论并确定组内分工，通过分工合作完成小组任务，具体任务和操作步骤如表1—1所示。

表1—1　　企业物流部岗位分配及职责设定实施与操作表

操作 作业内容	小组任务	操作指导
界定物流部的工作范围	认识和描述企业物流部的工作范围及职责	通过互联网、图书资料等明确企业物流部的工作范围，选择具体的企业，通过进行现场访问、问卷调查、网上调研等方法，确定该企业物流部的工作职责
划分岗位、设定各岗位的职责	根据企业物流部的工作范围进行业务组划分和岗位分配，明确相应的职责	对收集到的相关资料进行整理、分类，确定业务组，划定工作岗位，明确各岗位的职责
明确企业物流部的组织结构	画出企业物流部的组织结构图	根据划定的业务组及工作岗位，结合企业的组织架构画出企业物流部的组织结构图

四、工作准备

（1）划分小组，各小组进行组员分工，明确各组员的职责；

（2）制定项目的实施方案，制订工作进度安排计划；

（3）做好对企业进行调研的准备工作，比如准备调查问卷等；

（4）相关的工具书，多媒体教室，互联网等；

（5）画图工具，如笔、纸、尺子等。

五、考核评价

采用形成式评价与过程考核、小组成果与个人成果相结合的方式，把基础理论知识、实践动手技能、教学参与度结合起来进行考核，考核主要通过活动过程、工作成果、个人表现及总结三个方面进行体现。其中，过程考核主要考查学生的工作态度、效率、规范性、安全性等，占30分，以小组考核为主；成果考核主要考查学生的学习质量，以小组成果为主，占50分，以教师考核为主；个人部分主要考查学生的个人能力，占20分。完成任务后，各小组组长负责填写企业物流部岗位设置工作测评表，具体如表1—2所示。

表1—2　　企业物流部岗位设置工作测评表

组别/姓名		班级	
测评地点		日期	
项目名称	企业物流业务实训		
任务名称	企业物流部岗位分配与职责设定		

测评项目	评价标准	分值	本组评分	教师评价
过程评分（30分）	参与调研工作的积极性	10		
	小组内合理分工与合作	10		
	个人成果的逻辑性	10		
成果评分（50分）	对物流部工作范围的界定正确	15		
	明确物流部各工作岗位的职责	15		
	成果条理清楚、逻辑性强	10		
	结构图规范、正确	10		
个人总结（20分）				

六、实训指导

任务的实施与操作会涉及相关的理论知识，需要查找相关的资料，对这些资料的学习和对相关作业环节与具体内容的了解，有助于实训任务的顺利完成和活动成果的总结。某服装生产企业物流部岗位设置及职责如表1—3和表1—4所示。

表1—3　　某服装生产企业物流部岗位设置

作业环节	作业内容	具体内容
界定物流部的工作范围	确定物流部的职能	面料辅料的采购 面料辅料供应商的管理 面料辅料的仓储管理 原料和产品的库存控制 物料管理 订单处理与退货管理 服装企业物流综合管理系统 供应物流包括：生产资料的采购、进货运输、仓储、库存管理、用料管理和供料运输
划分职能、确定工作岗位	确定物流部各职能组及相应岗位	物流部：物流部经理、经理助理 统计组：统计组主管、统计专员 仓储组：仓储组主管、仓管员、熨烫工 采购组：采购组主管、采购专员、采购工程师 运输组：运输组主管、货运专员 订单组：订单组主管、订单操作员
明确物流部的组织结构	明确物流部的组织结构关系	某服装企业物流部组织结构图如图1—1所示

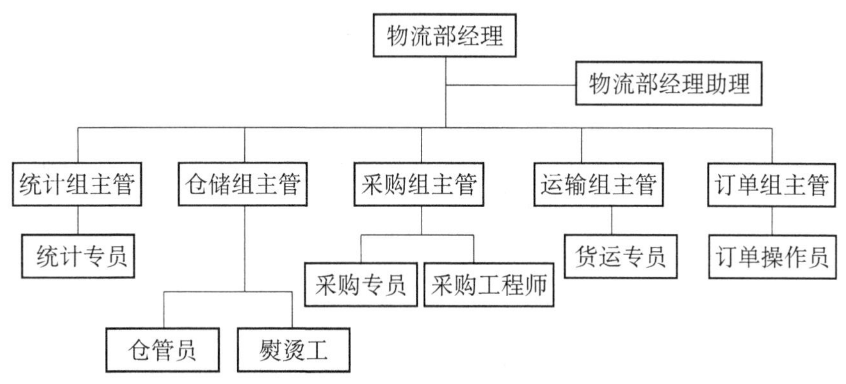

图 1—1　某服装企业物流部组织结构图

表 1—4　　**某服装生产企业物流部岗位职责**

部门岗位及职责	作业内容	职责
物流部经理工作及职责	主持物流部工作	(1) 全公司物流管理工作计划与费用预算的制定、审批与实施工作。 (2) 公司物流系统的设计、调整，以及对货物储存、运输、调拨等工作进行管理。 (3) 掌握发货与库存的动态变化，协助销售部做好要货计划，增强生产部的预见性，以利于及时安排生产作业计划。 (4) 对相关业务信息及时与销售部、市场部、客户服务部、财务部、物流商进行沟通与协调，并维系好与各利益相关者的良好关系。 (5) 组织对订单的分解、处理工作，办理销售部、客户服务部确认的退换货等业务。 (6) 保证物流部所属三个部门正常运作的准确无误与高效率。 (7) 负责日常管理工作，完成对下属员工的考核工作。
物流部经理助理工作及职责	协助物流部经理处理物流部的各项工作	(1) 在物流部经理的领导下，做好物流部经理的参谋助手，起到承上启下的作用。 (2) 在物流部经理的领导下负责管理工作的布置、实施、检查、督促、落实、执行情况。 (3) 协助物流部经理做好各项经营服务管理工作并督促和检查落实、执行情况。 (4) 协助物流部经理调查研究、了解物流部管理情况并提出处理意见或建议，供物流部经理决策。 (5) 做好物流部会议的组织工作和会议记录。 (6) 做好决议、决定等文件的起草、发布。 (7) 协助物流部经理完成对下属员工的考核工作。
统计组工作及职责	负责物流统计	(1) 按时收集有关统计资料，及时、准确呈报各种统计报表。 (2) 及时提供、准确分析指标计划的完成情况，当好物流部经理的参谋。 (3) 每日负责物流成品库与财务部、仓库就发货单据的衔接与核对工作。 (4) 按照物流部经理的指示，做好报表的定期检查工作，做好综合统计分析工作。 (5) 保管并汇编本单位历史统计资料和原始资料。 (6) 完成物流部经理临时交代的工作。 (7) 负责日常管理工作，协助物流部经理完成对下属员工的考核工作。

续前表

部门岗位及职责	作业内容	职责
仓储组工作及职责	负责仓储、库存等业务的管理	(1) 对成品库管理与提货、发运业务单元的工作承担全面管理与领导责任。 (2) 指导仓库主管与仓管员做好仓库管理工作，做到出、入库准确高效，日清日结。保证货物的安全与记录的正确、清晰，定期对库存进行盘查，确保账、料、物一致，指挥仓管员做好货位调整和摆放、标签书写等工作。 (3) 指导发货司机的日常工作，不断降低发货运输成本。 (4) 做好动态性库存安全定额，及时汇报库存情况，全面掌握库存实时信息，及时呈报给物流部经理与生产部经理，保证生产用原材料的库存供给。 (5) 负责日常管理工作，协助物流部经理完成对下属员工的考核工作。
采购组工作及职责	负责原材料的采购及供应商管理	(1) 主要负责企业生产所需的面料的采购。 (2) 随时收集和整理面料的市场信息，并根据生产部和仓储组提供的采购申请单和相关信息反馈单，及时制订采购计划，经批准后进行采购并保存相关采购资料，及时下达采购单。 (3) 负责企业生产下单与跟踪，及时向物流部经理反馈库存及生产信息，根据库存数据与市场需求进行预测。 (4) 随时处理生产急需、短缺的面料与外界同行的调剂事宜。保证采购物品的质量，符合生产要求和紧急采购物品的有效性。 (5) 根据工作需要负责与其他部门的协调、沟通和配合工作等。 (6) 完成物流部经理安排的其他与物流相关的工作。 (7) 负责日常管理工作，协助物流部经理完成对下属员工的考核工作。
运输组工作及职责	负责原材料及产品的运输管理	(1) 组织、指导有关订单货物的送达工作。 (2) 评价及选择最佳送货路线及方式。 (3) 检查丢失及损坏情况，并进行问题处理。 (4) 评价送货人员的工作质量、及时性和费用情况。 (5) 就运输工具及方法提出建议。 (6) 完成物流部经理安排的其他与物流相关的工作。 (7) 负责日常管理工作，协助物流部经理完成对下属员工的考核工作。
订单组工作及职责	负责订单管理	(1) 组织好订单处理业务的全过程，完成接单、开具发货单、跟单等工作，保证单据处理的及时性和准确性。 (2) 做好门市的样品展示工作，指导导购员接待好上门客户。 (3) 在满足客户订单的基础上，做好新品推介、宣传等服务工作。 (4) 负责日常管理工作，协助物流部经理完成对下属员工的考核工作。

任务2
企业采购管理业务操作

作为一个生产类企业来讲，采购是企业供应物流的源头，也是核心环节。采购管理是指为了完成生产或销售计划，从适当的供应商那里，在确保质量的前提下，在适当的时间，以适当的价格，购入适当数量的商品所采取的一系列管理活动。供应管理是为了保质、保量、经济、及时地供应生产经营所需要的各种物品，对采购、储存、供料等一系列供应过程进行计划、组织、协调和控制，以保证企业经营目标的实现。本任务按照企业采购管理操作的要求，利用教学软件来培养学生的采购操作业务能力。

一、任务描述

通过采购教学软件，根据典型生产制造企业的采购管理业务，在教学软件上进行建立采购基础信息、制订采购计划、实施供应商管理等操作。

二、实训目标

（1）能够根据企业的需求情况，编制采购计划；
（2）能够收集供应商的数据，对供应商进行管理；
（3）能够进行采购单证的缮制及操作；
（4）能够在教学软件中进行相关采购业务的操作。

三、实训任务

将学生分为若干组，各组选出一个负责人，由负责人组织小组成员讨论并确定组内分工，通过分工合作完成小组任务，具体任务和操作步骤如表1—5所示。

表1—5　企业采购管理业务实施与操作表

操作 作业内容	小组任务	操作指导
建立采购基础信息	建立所选企业的供应商信息，并进行相应的管理	通过查询互联网、图书资料等选择一家典型的生产企业，分析该企业的基本采购信息及供应商信息，并将信息录入教学软件系统，进行供应商管理
制订采购计划	制订所选企业的采购计划	根据所选企业的生产情况，制订该企业相关产品原材料的采购计划
进行请购单管理	进行请购单的模拟管理	各小组进行角色分工，进行请购单的制定、审核和查询等操作
执行采购	进行采购业务操作	在系统上完成询价、报价、缮制采购订单等的操作

四、工作准备

（1）划分小组，各小组进行组员分工，明确各组员的职责；

（2）制定项目的实施方案，制订工作进度安排计划；

（3）采购管理教学软件及实训室；

（4）相关的工具书。

五、考核评价

采用形成式评价与过程考核、小组成果与个人成果相结合的方式，把基础理论知识、实践动手技能、教学参与度结合起来进行考核，考核主要通过活动过程、工作成果、个人表现及总结三个方面进行体现。其中，过程考核主要考查学生的工作态度、效率、规范性、安全性等，占30分，以小组考核为主；成果考核主要考查学生的学习质量，以小组成果为主，占50分，以教师考核为主；个人部分主要考查学生的个人能力，占20分。完成任务后，各小组组长负责填写企业采购管理工作测评表，具体如表1—6所示。

表1—6 企业采购管理工作测评表

组别/姓名			班级	
测评地点			日期	
项目名称	企业物流业务实训			
任务名称	企业采购管理业务实训			
测评项目	评价标准	分值	本组评分	教师评价
过程评分（30分）	参与调研工作的积极性	10		
	小组内合理分工与合作	10		
	个人成果的质量及数量	10		
成果评分（50分）	采购方案合理	10		
	各项操作的完成情况	15		
	采购信息资料翔实	10		
	实训报告	15		
个人总结（20分）				

六、实训指导

以Logis采购管理教学软件为例，进行采购管理业务的实训操作。

1. 建立采购基础信息

（1）进行供应商维护。

通过界面上的【新增】、【修改】、【查看】、【删除】按钮，来实现对供应商基本信息的管理与维护。点击【新增】或【修改】按钮进行操作编辑后，点击【提交】按钮将信息保存至数据库，并且返回到客户列表界面。具体编辑界面如图1—2所示。

对于新供应商的选择认证和考核等可参见本项目中的补充资料。

图 1—2　供应商管理操作

（2）设置供应商评估项目。

通过界面上的【新增】、【修改】、【查看】、【删除】按钮，来实现对供应商评估项目的管理与维护。点击【新增】或【修改】按钮进行操作编辑后，点击【提交】按钮将信息保存至数据库，并且返回到供应商评估项目列表界面。从该界面中再次选择该条供应商的记录进行查看、修改或删除等操作。具体编辑界面如图 1—3 所示。

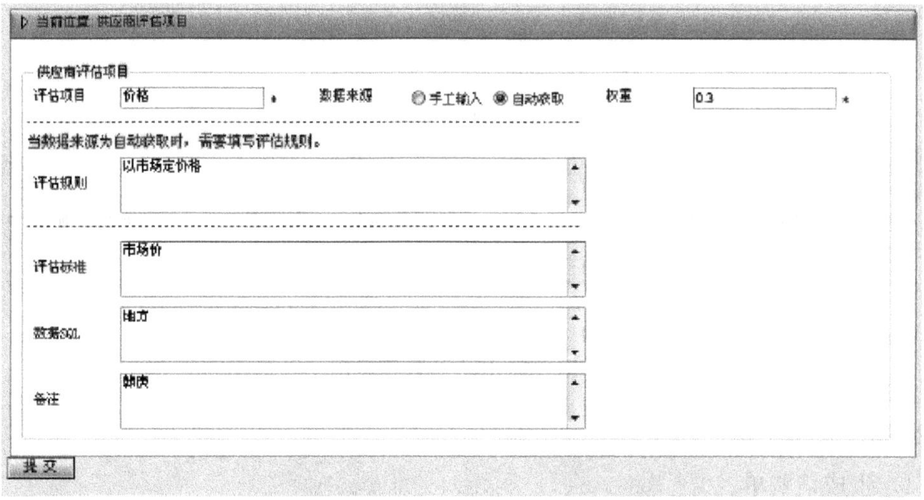

图 1—3　供应商评估项目设置操作

（3）评估供应商信用。

进入供应商信用评估模块，选择一个供应商并根据权重比例对不同的评估项目进行打分，点击【提交】按钮并在弹出的提示——确认评估结果值——对话框中选择【确定】，则成功完成对供应商的信用评估。编辑供应商信用评估的界面如图 1—4 所示。

▷ 当前位置:供应商信用评估

供应商 沃尔玛

评估结果

评估时间 2008-11-13 11:50:03

评估人 PS_ADMIN

备注

	评估项目	权重	评估值
	质量	0.5	36 *
	服务	0.2	15 *
	价格	0.3	28 *

提交

图 1—4　供应商信用评估操作

（4）供应商评估。

进入供应商评估界面，在表格的过滤条件中选择一个供应商后，点击【价格查看】按钮，可以对该供应商的分段价格进行查看；选择一个供应商后，点击【质量查看】按钮，可以对该供应商拒收的订单进行查看。供应商评估操作如图 1—5 所示。

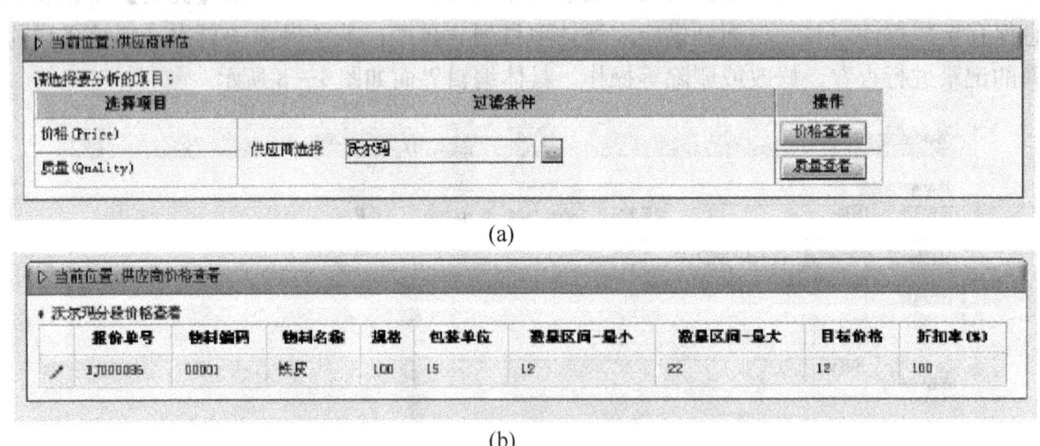

(a)

▷ 当前位置:供应商价格查看

• 沃尔玛分段价格查看

	报价单号	物料编码	物料名称	规格	包装单位	数量区间-最小	数量区间-最大	目标价格	折扣率(%)
	BJ000086	00001	铁皮	100	15	12	22	12	100

(b)

图 1—5　供应商评估操作

2. 制订采购计划

（1）生成请购单。

进入采购计划界面，点击【生成请购单】按钮，编辑请购单并增加物料，填写完毕后点击【提交】按钮，该条记录的信息保存到数据库中。可以从录入管理界面中再次选择一条请购单的记录进行查看、修改或删除等操作。选择一条请购单，点击【提交审核】按钮，则成功提交该请购单到审核模块。请购单的编辑界面如图 1—6 所示。

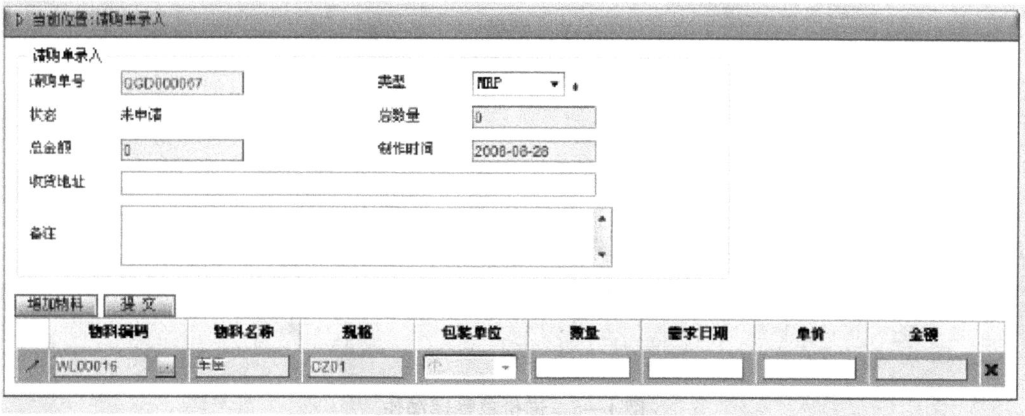

图 1—6　请购单录入操作

（2）审核请购单。

在审核管理界面选择一条记录并点击【审核】按钮后，进入请购单审核界面，在此界面中查看请购单内容是否存在问题，如无问题则点击【通过审核】按钮，完成该请购单的审核；否则，点击【退回】按钮，把该请购单退回到录入模块重新进行录入。具体如图 1—7 所示。

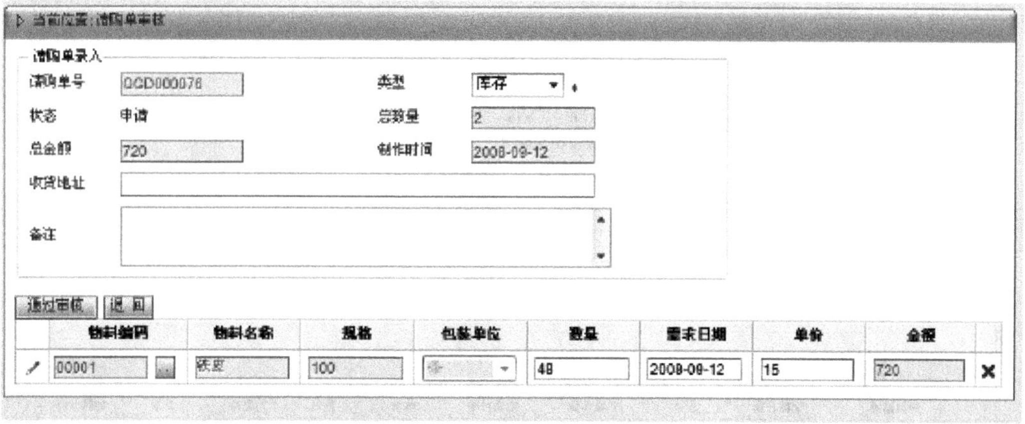

图 1—7　请购单审核操作

3. 询价管理

点击【新增】或【修改】按钮进入编辑界面后，可进行增加物料的操作，编辑后再点击【提交】按钮将信息保存至数据库，并且返回到询价单录入列表界面。在此界面中分别点击【查看分段价格】和【查看供应商】按钮，可以分别查看增加的分段价格和供应商。选择一条询价单，点击【提交】按钮，则成功提交该询价单。提交后，仍可以对询价单进行查询、修改等操作。询价单的编辑界面如图 1—8 所示。

当前位置:询价单录入
询价单管理
询价单号 XJD000015 请购单转入 询价类型 投标
状态 制作中 到期日 2008-09-24
关闭日期 2008-09-26 报价有效期开始 2008-09-18
报价有效期截止 2008-09-18
收货地址 规范共分
备注 各个分置转
新增物料 提交 查看分段价格 查看供应商

	物料编码	物料名称	规格	包装单位	目标价格	
	WL00009	油漆	3	桶	5	

图 1—8 询价单管理操作

4. 采购订单操作

点击【新增】或【修改】按钮进入编辑界面后，编辑后再点击【提交】按钮将信息保存至数据库，并且返回到采购订单录入列表界面。选择一条采购订单，点击【提交】按钮，则成功提交该采购单到处理模块。采购单不仅可以用新增的方式进行添加，也可以在采购单录入界面通过从请购单转入或从供应商转入的方式对采购单进行添加。可以对采购订单进行查询、编辑、修改等操作。采购订单的编辑界面如图 1—9 所示。

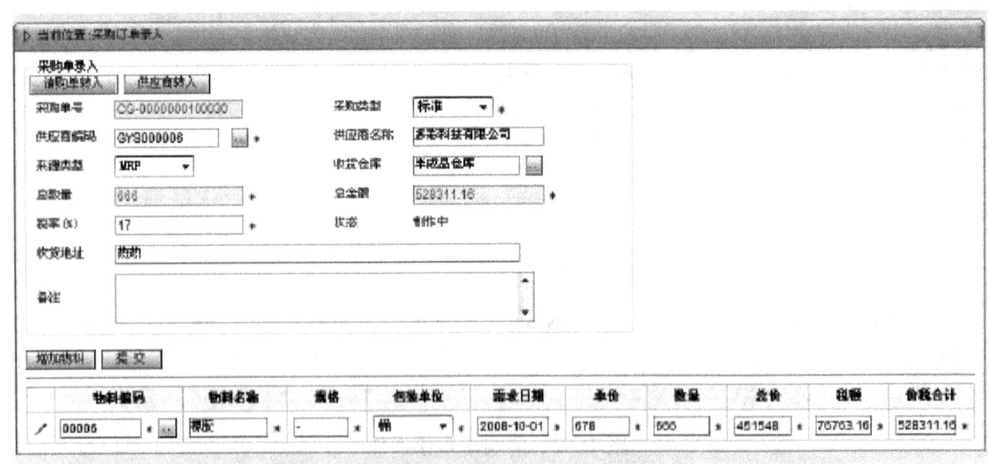

图 1—9 采购订单的编辑界面

5. 收货单管理

点击【新增】或【修改】按钮进入编辑界面，编辑后再点击【提交】按钮将信息保存至数据库，并且返回到收货单录入列表界面。可以从录入管理界面中再次选择一条收货单的记录进行查看、修改或删除等操作。选择一条收货单，点击【提交】按钮，则成功提交该收货单到处理模块，在收货单处理模块中可以进行收货单的审核操作。收货单不仅可以用新增的方式进行添加，也可以在收货单录入界面通过从采购单转入的方式对收货单进行添加。收货单的编辑界面如图 1—10 所示。

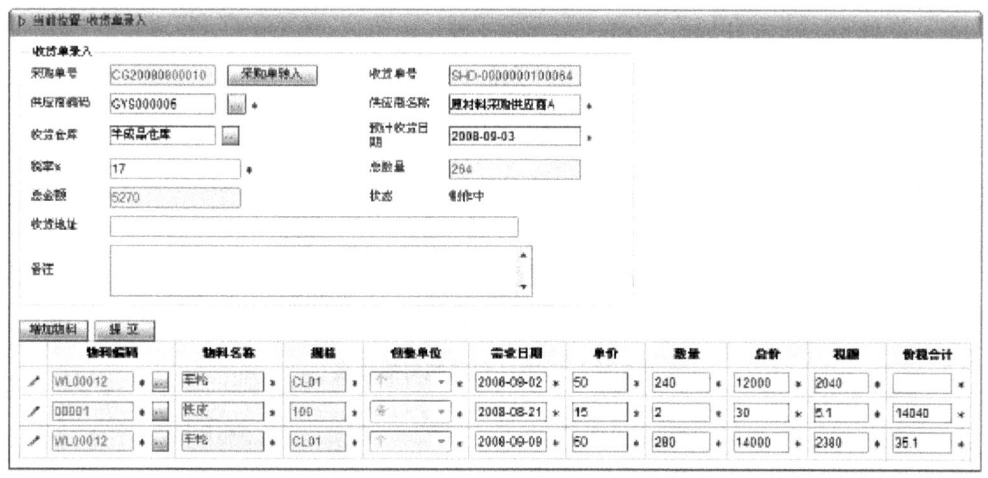

图 1—10　收货单的编辑界面

任务 3
编制物料需求计划

物料需求计划（MRP）是依据需求预测和顾客订单制订产品生产计划，然后据此和库存状况组成产品的材料结构表，通过计算机计算出所需材料的需求量和需求时间，从而确定材料的加工进度和订货日程的一种实用技术。本任务借助采购管理教学软件，通过软件中的物料需求计划的相关操作，来实现对物料需求计划的掌握和理解。

一、任务描述

通过采购管理教学软件，根据典型生产制造类企业的生产计划，进行物料需求计划的制订，并在教学软件中实现相关操作。

二、实训目标

(1) 能够根据企业的生产情况，制订主生产计划；
(2) 能够根据生产计划进行物料需求的计算；
(3) 加深对主生产计划和物料需求计划的理解；
(4) 能够在教学软件中进行相关业务的操作。

三、实训任务

将学生分为若干组，各组选出一个负责人，由负责人组织小组成员讨论并确定组内分工，通过分工合作完成小组任务，具体任务和操作步骤如表1—7所示。

表1—7 编制物料需求计划实施与操作表

操作 作业内容	小组任务	操作指导
设定生产基础信息	制订所选企业的生产计划	通过查询互联网、图书资料等选择一家典型的生产企业，获取该企业的生产计划信息，将信息录入教学软件系统，也可以利用任务2中的企业的生产信息
进行主生产计划管理	对主生产计划进行管理	根据所选企业的生产情况，在教学软件中完成管理主生产计划的相关操作
制订物料需求计划	对物料需求计划进行管理	根据主生产计划在教学软件中实现对物料需求计划的管理

四、工作准备

(1) 划分小组，各小组进行组员分工，明确各组员的职责；
(2) 制定项目的实施方案，制订工作进度安排计划；
(3) 采购管理教学软件及实训室；
(4) 相关的工具书。

五、考核评价

采用形成式评价与过程考核、小组成果与个人成果相结合的方式，把基础理论知识、实践动手技能、教学参与度结合起来进行考核，考核主要通过活动过程、工作成果、个人表现及总结三个方面进行体现。其中，过程考核主要考查学生的工作态度、效率、规范性、安全性等，占30分，以小组考核为主；成果考核主要考查学生的学习质量，以小组成果为主，占50分，以教师考核为主；个人部分主要考查学生的个人能力，占20分。完成任务后，各小组组长负责填写企业物料需求计划工作测评表，具体如表1—8所示。

表 1—8　　企业物流需求计划工作测评表

组别/姓名			班级	
测评地点			日期	
项目名称	企业物流业务实训			
任务名称	编制物料需求计划			
测评项目	评价标准	分值	本组评分	教师评价
过程评分（30 分）	参与调研工作的积极性	10		
	小组内合理分工与合作	10		
	个人成果的质量	10		
成果评分（50 分）	物料需求计划的编制	15		
	物流需求计划的质量	15		
	实训操作情况	10		
	实训报告	10		
个人总结（20 分）				

六、实训指导

以 Logis 采购教学软件为例，进行物料需求计划的实训操作。

1. 主生产计划管理

主生产计划是确定每一具体的最终产品（即产成品）在每一具体时间段（通常以周为单位）内生产数量的计划。主生产计划详细规定了生产什么、什么时段应该产出，它是独立的需求计划。

点击【新增】或【修改】按钮进入编辑界面，编辑后再点击【提交】按钮将信息保存至数据库，并且返回到作业中心管理列表界面。如果点击【导入向导】按钮，系统弹出主生产计划项目导入向导，根据向导的指引，完成主生产计划项目的导入。可以从管理界面中选择一条预测集的记录进行查看、修改或删除等操作。选择一条预测集，点击【提交】按钮，则成功提交该计划，并且此计划的状态改变为“有效”。编辑主生产计划的界面如图 1—11 所示。

图 1—11　主生产计划编辑界面

2. MRP 计算

进入 MRP 计算界面，根据 A、B、C 三部分对 MRP 进行操作，操作完毕后点击【开始计算】按钮，即完成对 MRP 的计算。具体如图 1—12 所示。MRP 的计算原理可参见企业物流管理或生产计划等相关教材。

	计划编码	计划名称	是否冲减	制作时间	状态
◎	00028	plan	是	2008-09-17	有效
◎	00025	摩托罗拉公司汽车	是	2008-09-12	有效
◎	00017	2008-LAST-MPS	是	2008-09-01	有效
◎	00016	65	是	2008-08-28	有效
◎	00015	东方时代	是	2008-08-26	有效

图 1—12 MRP 计算操作界面

3. MRP 计算结果

进入 MRP 计算结果界面，选择一条运算后会显示其结果，包括生产建议、采购建议和出库建议。具体如图 1—13 所示。

当前位置:MRP计算结果

	MRP运算编号	MRP运算名称	状态	运算日期
	MR-2008-09-00001	010101	有效	2008-09-01
	MR-2008-08-00046	法尔陀	有效	2008-08-26
	MR-0000000100014	ASD21	有效	2008-09-18
	MR-0000000100013	11111	有效	2008-09-18
	MR-0000000100012	阿萨斯	有效	2008-09-17

首页 上页 下页 末页 搜索 打印 导出 转至第 页 每页 5 条 设置 共3页14条记录 第1页

生产建议 采购建议 出库建议

	物料编码	物料名称	规格	包装单位	建议开始日期	建议截止日期	建议数量	下达数量	发送状态
	YL00011	自行车	XJ-ZXC	台	2008-09-12	2008-09-15	150.0		未发送
	YL00013	车架	CJ01	个	2008-09-11	2008-09-12	150.0		未发送
	YL00014	把手	BS01	个	2008-09-10	2008-09-11	300.0		未发送
	YL00015	车框架	CKJ01	个	2008-09-09	2008-09-11	150.0		未发送

发送建议到生产部门 取消生产建议

图 1—13 MRP 计算结果界面

任务 4
库存管理

库存管理是指对尚处在物流环节的产品、半成品、原材料等的管理。随着买方市场和个性化需求的深入，加强库存管理已经成为企业提升竞争力和提升效益的主要手段，因此也日益受到企业的重视。本任务主要通过一个模拟游戏帮助学生掌握库存管理的难点和重点。

一、任务描述

本次的实训任务是玩一个管理游戏——啤酒游戏（Beer Game）。由学生分别扮演制造商、批发商和零售商三种角色，彼此只能通过订单/送货程序来沟通。各个角色拥有独立自主权，可决定向上游下多少订单、向下游销出多少货物。终端消费者由游戏系统自动来扮演。

二、实训目标

要求熟悉模拟软件的操作，理解实验中相关数据的含义，能够利用模拟工具完成设定的模拟内容，理解模拟中出现的供应链管理手段。

（1）能够模拟供应链上制造商、批发商、零售商等不同节点企业的订货需求变化；

（2）认识供应链中需求异常放大现象（即“牛鞭效应”）的形成过程；

（3）分析“牛鞭效应”产生的原因；

（4）找出减少“牛鞭效应”的方法。

三、实训任务

将学生分为若干组，各组选出一个负责人，由负责人组织小组成员讨论并确定组内分工，通过分工合作完成小组任务，具体任务和操作步骤如表 1—9 所示。

表 1—9　　啤酒游戏实施与操作表

操作 作业内容	小组任务	操作指导
确定角色	确定各组员在游戏中的角色	通过查询互联网、图书资料等明确企业库存管理的难点，学习啤酒游戏的工作原理，进行角色分工

续前表

作业内容＼操作	小组任务	操作指导
制定第一轮方案	制定第一轮的订购及库存方案	根据系统给出的相关信息制定第一轮方案，得出结果后对方案进行评估
制定修改条件后的方案	制定修改条件后的订购及库存方案	根据修改后的条件，重新制定订购及库存方案，得出结果后对方案进行评估
评价不同条件下的方案	对不同的外部条件下的方案进行评价	对实训情况进行评价

四、工作准备

（1）划分小组，各小组进行组员分工，明确各组员的职责；
（2）综合模拟实验室；
（3）实验用的“啤酒游戏”软件一套；
（4）每位学生一台电脑；
（5）尺子、纸、笔、工具书等。

五、考核评价

采用形成式评价与过程考核、小组成果与个人成果相结合的方式，把基础理论知识、实践动手技能、教学参与度结合起来进行考核，考核主要通过活动过程、工作成果、个人表现及总结三个方面进行体现。其中，过程考核主要考查学生的工作态度、效率、规范性、安全性等，占30分，以小组考核为主；成果考核主要考查学生的学习质量，以小组成果为主，占50分，以教师考核为主；个人部分主要考查学生的个人能力，占20分。完成任务后，各小组组长负责填写企业库存管理工作测评表，具体如表1—10所示。

表1—10　　企业库存管理工作测评表

组别/姓名			班级	
测评地点			日期	
项目名称	企业物流业务实训			
任务名称	库存管理			
测评项目	评价标准	分值	本组评分	教师评价
过程评分（30分）	参与调研工作的积极性	10		
	小组内合理分工与合作	10		
	个人成果的质量	10		
成果评分（50分）	库存方案	15		
	经营业绩	15		
	实训操作情况	10		
	实训报告	10		
个人总结（20分）				

六、实训指导

啤酒游戏实施与操作的步骤具体如下：

（1）分组，给每个学生分配角色，图1—14为啤酒游戏的界面。

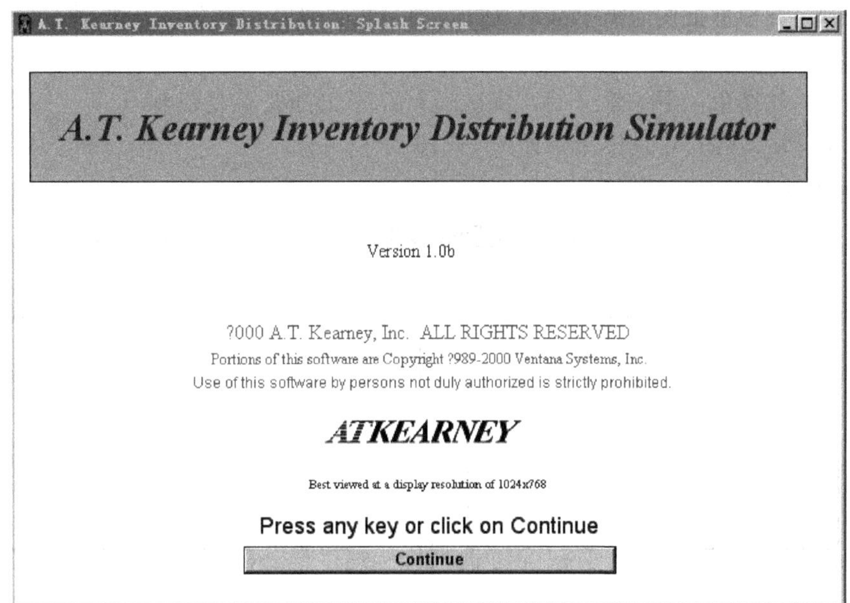

图1—14　啤酒游戏的界面

（2）阅读游戏说明（包括每个角色的经营数据），图1—15为啤酒游戏的结构。

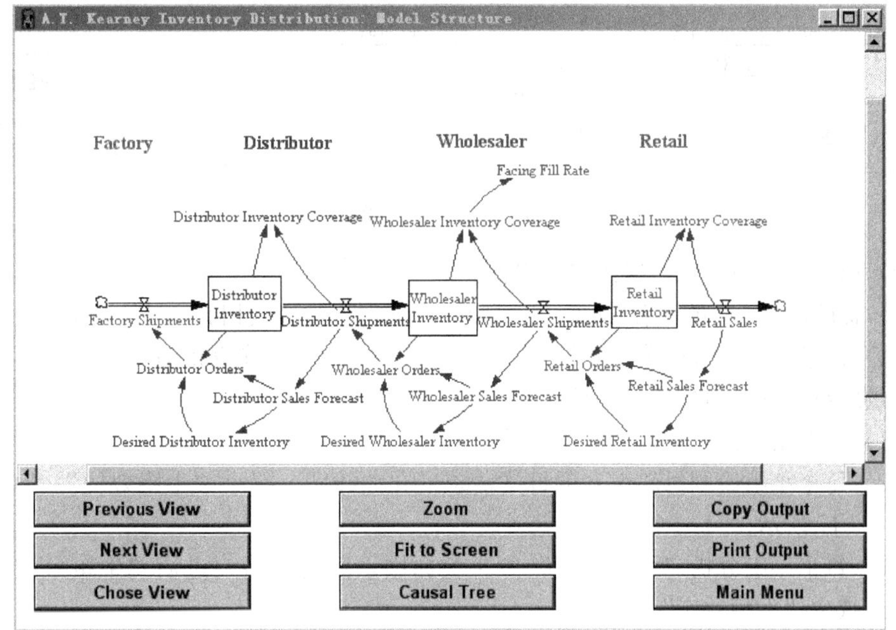

图1—15　啤酒游戏的结构

（3）每个学生开始第一轮游戏。

（4）零售商根据消费者需求数量（计算机随机产生）和相关经营数据，制定订货策略，向批发商发出订货单。

（5）批发商根据零售商需求数量（零售商订货数量）和相关经营数据，制定订货策略，向制造商发出订货单。

（6）制造商根据批发商需求数量（批发商订货数量）和相关经营数据，制订生产计划，进行生产。

（7）第一轮结束，下一轮开始，依次进行，每轮都要重复步骤（3）～（5），直到系统提示本轮游戏停止，具体结果如图1—16所示。

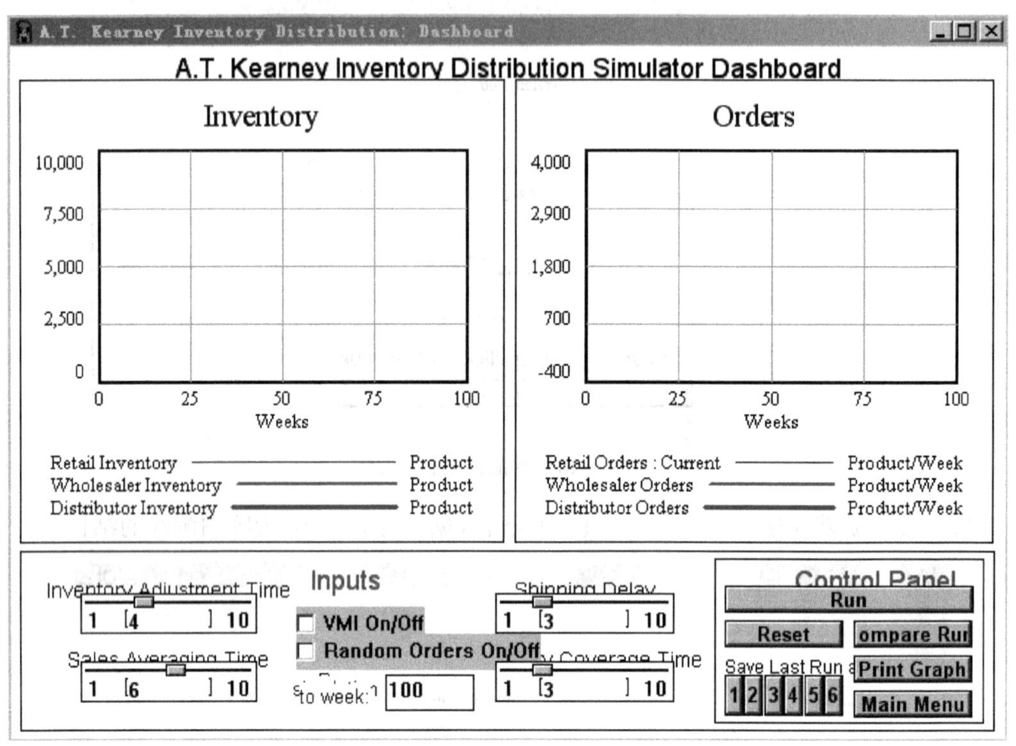

图1—16 啤酒游戏的模拟结果

（8）第一轮游戏结束，退出当前界面。

（9）提前期缩短后进行第二轮游戏，游戏过程与第一轮游戏相似，只是在途时间为1天。

（10）信息共享后进行第三轮游戏，游戏过程与第一轮游戏相似，只是每个角色能够看到供应链上其他角色的相关信息。

（11）每个角色计算自己的经营业绩。

（12）每个小组绘制每轮游戏的订货需求变化曲线图，揭示“牛鞭效应”。模拟的曲线如图1—17所示。

（13）每个小组分析“牛鞭效应”产生的原因，分析策略改进后“牛鞭效应”的变化，提出减少“牛鞭效应”的对策。

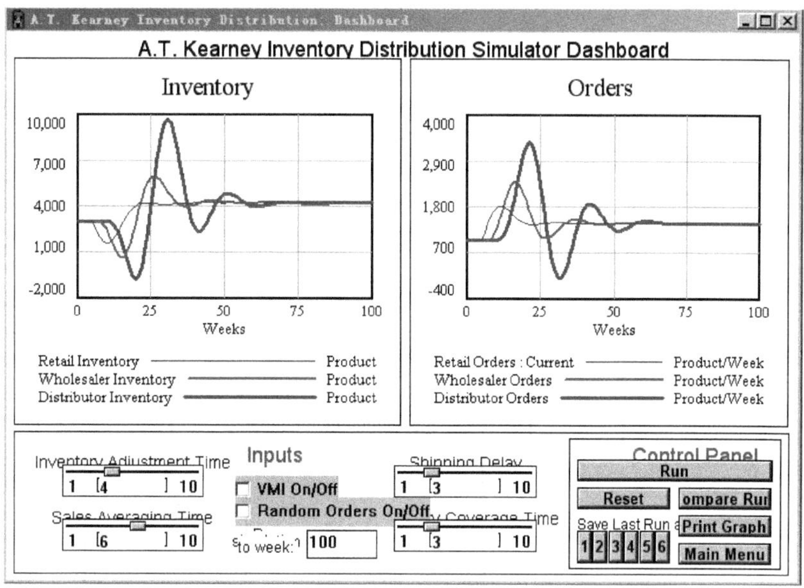

图 1—17　啤酒游戏的模拟曲线

补充资料

一、供应商调研认证流程

供应商调研认证流程如图 1—18 所示。

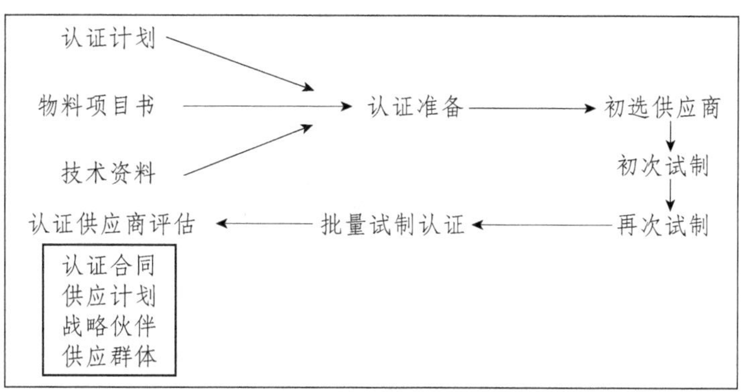

图 1—18　供应商调研认证流程

1. 供应商认证准备

供应商认证的准备过程如图 1—19 所示。

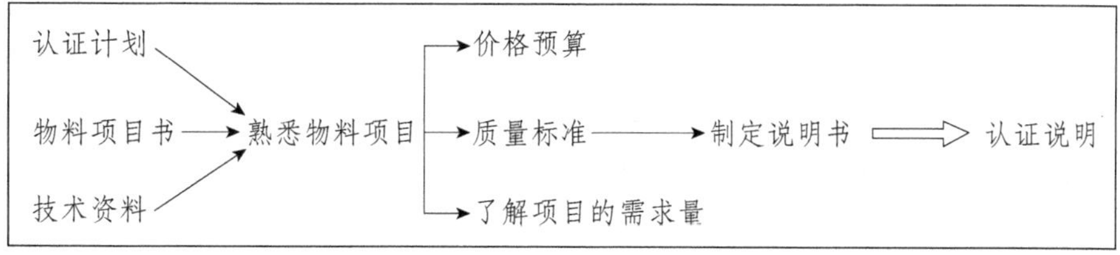

图 1—19　供应商认证的准备过程

2. 初选供应商

初选供应商的过程如图1—20所示。

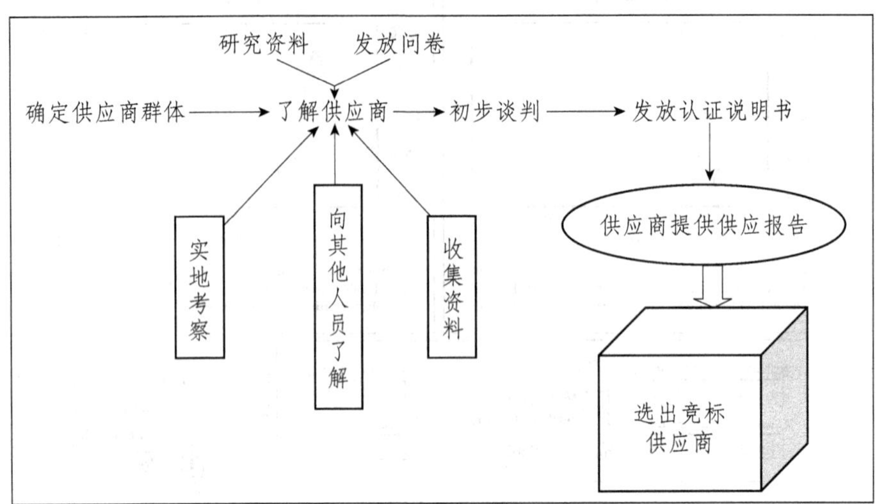

图1—20 初选供应商的过程

3. 初次试制

初次试制的过程如图1—21所示。

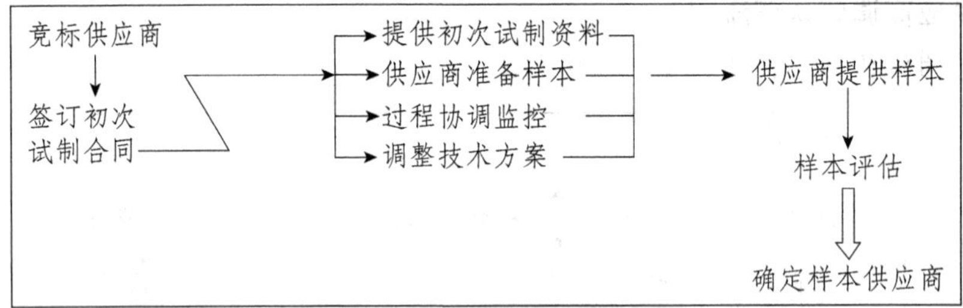

图1—21 初次试制的过程

4. 再次试制

再次试制的过程如图1—22所示。

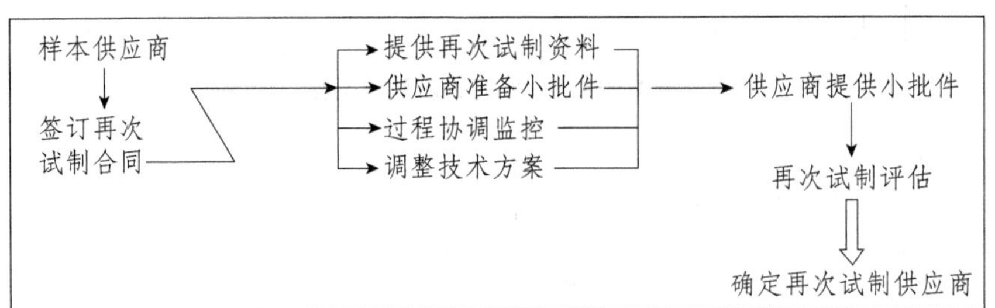

图1—22 再次试制的过程

二、某生产企业供应商的调查填表说明

各供应商：

本调查表用于我司对供应商整体状况的调查，请务必认真、如实填写。填写之前，

请仔细研读此填表说明：

（1）在填表前，请先填写填表承诺（见表1—11）。

（2）本调查表的表1—12至表1—14为供应商体系的整体概括，直接影响我司对贵司的评价，请务必准确填写。

（3）在填写本调查表时，若需添加附页，附页纸张大小必须与本调查表相同，表格格式、项目、内容等亦必须与本调查表完全一致，并在附页上加盖公章以确认，附于相关调查表之后。

（4）认证证书包括ISO9001、ISO9002、ISO14001、UL、VDE、EMC、CCEE、CE等。

（5）在填写完毕本调查表后，请将附页中所要求的资料与本调查表一齐交回广东威特真空电子制造有限公司（简称威特公司）采购部。

（6）资格初审根据厂家填写的基本资料予以判定，本调查表的表1—13至表1—16（企业概况、企业整体实力情况、企业产品情况、企业供货历史情况）为否决项，否决项有一项不达标即视为不合格；表1—17至表1—19（企业质保能力、企业人员构成情况、仓库环境情况）为基本项，基本项超过一项不合格即视为不合格。

（7）资格初审、复审结论（见表1—20）以及供应商考核表（见表1—21），由威特公司采购部进行审核并签字确认。

（8）本调查表除盖章与签名外，其他内容均要求以电子打印为主。

表1—11　　填表承诺

谨承诺：本调查表所填写内容皆属实，若有任何弄虚作假，愿接受广东威特真空电子制造有限公司的任何处罚。 法人代表签字： （承诺单位盖章） 年　月　日

表1—12　　供应商基本信息调查表

供应商名称（户头）：　（盖公章）		
税号：　（盖税号章）		
企业曾用名：		
所属国家：	所属地区（省）：	
所属城市：	联系人：	
邮政编码：	电子信箱：	
详细地址：		
联系电话1：	联系电话2：	传真：
以下为财务信息：		
国家：	开户行：	银行账号：
付款条件：	币种：	付款方式：

填写人：　　业务员审核：

注意：1）此表请用正楷体字认真填写；2）书写务必清晰准确，不得漏项；3）财务信息必须与发票上的一致，其他信息不得错、漏、添字；4）若因填写不清晰而出现财务等问题，由填写方负责。

表 1—13 企业概况（必填项）

企业全称：________ 地址：________ 电子信箱：________
企业曾用名：________
邮政编码：________ 电话：________ 传真：________ 企业性质：________
主管部门：________ 仓储面积：________ 企业规模：________ 企业信誉：________
企业创立日期：________ 上一年销售总额（万元）：________
企业固定资产（万元）：________ 流动资金（万元）：________

附：1）单位现场照片；2）仓储区域照片；3）营业执照复印件（工商局盖章确认）；4）税务登记证复印件。

表 1—14 企业整体实力情况（必填项）

所代理/本企业：	A. 请列出所代理/本企业同行业国内/省内前五位：
	1. ________ 2. ________ 3. ________
1. ____是____否为国内/省前五名。	4. ________ 5. ________
排名____位	B. 请列出国际上同行业前五位： 1. ________ 2. ________ 3. ________ 4. ________ 5. ________
2. ____是____否为国外知名企业在中国的分公司或设立的独资或合资企业。	C. 产品年产量：________ 年产值（万元）：________ D. 请提供 A、B、C 三条的见证性资料（行业协会排名，政府部门统计年鉴，第三方权威机构排序或新闻媒体公布）。

附：见证性资料、企业信誉证明复印件（可加附页），委托代理授权书或长期经销合同（可加附页）。

表 1—15 企业产品情况（必填项）

产品主要技术指标：	项目	指标
	________	________
	________	________
	________	________
	________	________
	________	________
	________	________
	________	________

附：主要代理/本企业及其产品介绍，主要代理企业代理产品明细或本企业产品明细。

表 1—16　　企业供货历史情况（必填项）

为威特公司或其他公司供货的明细					
威特公司	供货分公司名称	物资名称	单价	年供货量	占该分公司的比重（%）
其他公司	其他供货公司名称	物资名称	单价	年供货量	占该公司的比重（%）

表 1—17　　企业质保能力

同被代理商签订的质量协议/质量承诺：有/无
若有，请将复印件附后。

附：与代理企业签订的质量协议或质量承诺复印件（可加附页），代理商填写，制造商可不填。

表 1—18　　企业人员构成情况

职务	姓名	年龄	任职时间	学历	职称	联系电话

职工人数：＿＿＿＿＿＿，其中本科以上＿＿＿＿＿＿人，高中/中专以上＿＿＿＿＿＿人
其中工程技术人员＿＿＿＿＿＿人，比例＿＿＿＿＿＿
班制：一班/二班/三班　　职工月平均工资：＿＿＿＿＿＿元

附：企业员工培训材料记录（可加附页）。

表 1—19　　仓库环境情况

1. 本单位是否符合相关的法律法规及其他要求：＿＿＿＿＿＿
2. 对环境有污染的活动是否采取相应的污染消除措施与活动：＿＿＿＿＿＿
3. 是否对单位从事特殊岗位的职工进行教育培训：＿＿＿＿＿＿
4. 产品包装物或容器为：＿＿＿＿＿＿
5. 废品处理形式：重新利用/废料卖出/其他＿＿＿＿＿＿
6. 单位内部是否设置危险物识别标志：＿＿＿＿＿＿
7. 单位内部应急电话：＿＿＿＿＿＿安全控制：＿＿＿＿＿＿
8. 对生产环境的要求是什么：＿＿＿＿＿＿是否可以达到：＿＿＿＿＿＿
9. 本单位是否属于化工类单位：＿＿＿＿＿＿；若是，请提供地方环保局提供的检测报告。

附：地方环保局提供的检测报告（可加附页）。

表 1—20 审核结论

初审结论	全部考核项为________项，供应商被调查的为________项 否决项________项，其中合格________项，不合格________项 基本项________项，其中合格________项，不合格________项 结论：	签字：
复审结论		签字：

附：该调查表结论将不反馈给贵司，只将不合格项目进行通知。

表 1—21 供应商考核表

供应商：				供应物料：		
总得分：		时间：自________年____月____日至________年____月____日				
项目	考核内容	考核部门	配分	评分标准	得分	考核部门签章
品质	进料批次合格率	IQC	30	（检验合格批数/总交验批数）×100%		
	制作过程异常	生产部	10	每发生一次扣 1 分		
交期	交货准时性	采购部	20	按订单延迟天数扣分		
服务	品质抱怨改善回复状况	品管部	8	依评分标准进行		
	退换货及时性	采购部	7	依评分标准进行		
价格	价格水平	采购部	10	依评分标准进行		
配合	品质改善及生产进度配合	采购/品管部	10	依评分标准进行		
其他	其他部门对供应商之评价	其他单位/部门	5	依评分标准进行		
备注：						
审核：						

表单编号：WX-QR7403-01　　版本号：A　　修订号：0

三、采购合同示例

合同编号：______　签约地点：__________　签订时间：________年____月____日

购货单位（以下简称甲方）：________________________________

法定代表人：________________________________

地址：________________________________

开户银行及账号：________________________________

供货单位（以下简称乙方）：________________________________

法定代表人：________________________________

地址：________________________________

开户银行及账号：________________________________

根据甲方的生产需要，甲方订购乙方供应的____________________设备____套，经双方协商一致签订本合同，达成如下合同条款：

（一）合同标的（名称、规格、型号、单价等）

设备名称	数量（套）	单价（万元）	交货期限及要求
			________年____月____日前，合同设备到货安装调试完毕，并通过甲方最终验收。
合同总金额（大写）：人民币________万元整 （小写：　　　　）			

其他补充说明：合同标的产品名称、规格、型号、单价见附表1，产品说明信息见附表2。

（二）合同价格

1. 设备总价为人民币（大写）：____

2. 设备总价中包括设备金额、包装费、运输费、装卸费、安装费、维修费及相关材料费、调试费、检验费及培训所需费用及税金。

3. 本合同总金额不得作任何变更与调整。

（三）合同生效

1. 乙方应在合同签署的同时，向甲方提交合同总价____%金额为________元的履约保证金，履约保证金的有效期至设备质保期满后一次性退还乙方。

2. 本合同经双方签字并在甲方收到乙方的履约保证金后生效。

（四）付款方式

1. 合同生效后，甲方向乙方支付合同总价________%金额为____________元的预付款。

2. 货物验收合格，设备安装、调试运转正常，乙方为甲方提供设备培训结束、甲方无疑问后，甲方向乙方支付合同总价________%金额为____________元的货款。

3. 设备投入正常使用______天后，甲方向乙方支付合同总价__________%金额为____________元的尾款。

4. 付款方式：通过银行转账方式支付。

（五）交货地点与时间、运输方式、包装与验收

1. 交货地点：____（按甲方指定的地点）。

2. 交货时间：合同生效后____日内。

3. 运输方式：乙方将货物分两次运至交货地点。从____至____的运送费用由乙方支付，从____至____的费用由甲方支付并只负责承担运送费用，运输过程中由于包装不当造成设备在运输过程中有任何损坏或丢失的，由乙方负责。乙方于到货前24小时将到货名称、型号、数量、外形尺寸、单重及注意事项等，以书面形式通知甲方。

4. 设备包装应符合国家标准，以保证设备在运输过程中不受损伤，由于包装不当造

成设备在前后两次运输过程中有任何损坏或丢失，由乙方负责。

5. 设备由乙方负责送到甲方生产现场，由乙方负责运输、卸车。

6. 设备到达现场，甲、乙双方均须在场并确认包装的完好性，由甲方验货。乙方应按甲方安排的时间派人到现场，对货物进行清点验收，并签字确认。若发现货物与装箱不符，乙方负责补齐或收回。如乙方不能按时到达，甲方有权开箱检验，并对缺件、损坏作记录，乙方应认可并负责解决。

7. 乙方负责设备安装及调试，直至设备正常运行。最终验收在此之后进行。如设备不能通过验收为甲方服务，乙方应承诺退货，退还甲方所有款项。

8. 乙方应自带用以安装、调试过程中所需的各种工具、仪器、仪表及易损件。

（六）产品质量保证与售后服务

1. 乙方应严格按照国家有关标准和规定对甲方所购设备进行制造和检验，材料及零部件均为全新未用过的，且符合质量规定以确保产品质量。设备须经技术检验，符合国家相关标准才能出厂。

2. 乙方负责免费为甲方提供操作培训及维修服务。培训内容：基本原理，操作使用和维修保养。

3. 设备投入正常运行后，乙方应定期回访甲方，以防止不良问题的产生。

4. 设备的质保期为________个月，自设备最终验收合格，交付使用之日起计算。在设备质保期内，一旦设备发生问题，乙方保证在接到通知________小时内赶到现场进行修理、更换或退货，费用由乙方承担。如乙方在接到通知后________小时内未能答复或处理问题，则视为乙方承认质量问题并承担由此而产生的一切费用。保修期间设备的一切故障，更换零部件及设备本身质量原因造成的直接经济损失应全部由乙方负责，在此期间，应配备相关技术人员提供技术服务。________个工作日内如不能排除故障，乙方要提供同型号备用机，由此所产生的全部损失（包括直接损失和间接损失）由乙方承担。

5. 在质保期内，出现质量问题不能修复，或者不能连续正常运行________天，又出现相同故障的，乙方应承诺退货，退还甲方所有货款，并且乙方应按甲方每天生产损失________元作为损失补偿。

6. 质保期满后，如产品出现质量问题，乙方负责上门维修，响应期为________小时，并保证以优惠价格（低于同类产品市场价格的________%）提供终身所需配件，不收取其他费用。

（七）责任与义务

1. 在设备进行安装、调试时，如乙方提出，甲方应为乙方人员的饮食、住宿提供方便，其费用由乙方自理。

2. 甲方有权派人员到乙方厂内进行产品质量检验，乙方应提供方便条件，并免费提供检验和了解产品所必需的技术资料、图纸、工具等。

（八）技术资料

设备出厂时应出具产品合格证及产品质量检验证书，同时提供下列资料一式三份，并提供一份资料清单：

(1) 安装图纸和说明书。

(2) 操作使用说明书。

(3) 维修说明书。

(4) 随机附件、备件及工具清单。

(5) 易损件图册。

(6) 出厂前的各种检验与试验记录。

(7) 其他供用户使用的必备资料。

(九) 违约责任

1. 乙方不能按期交货，除不可抗力因素外，乙方应向甲方支付延期违约金，每日按合同总价的1%计算，金额计________元。

2. 甲方延期付款时（正当拒付除外），应向乙方支付此延付款数额的延期违约金，每日按此延期付款额的1%计算，支付款办理期为________个工作日。

3. 双方必须严格执行《中华人民共和国合同法》的有关违约责任规定。

(十) 合同的变更或解除

1. 当合同一方要求变更或解除合同时，在新协议未达成前，原合同仍然有效。要求变更的一方应及时通知对方，对方在接到通知________日内给予答复，逾期未答复则视为已同意。

2. 如乙方要求变更或解除合同，所造成的损失由乙方承担。

(十一) 合同纠纷的解决

1. 甲、乙双方若发生合同纠纷，应本着互谅互让、互相尊重、和平友好的原则协商解决。

2. 本合同履约地为山东济南，若双方不能通过协商达成协议，可依据《中华人民共和国民事诉讼法》和《中华人民共和国合同法》的有关规定，向甲方所在地仲裁机构申请仲裁或提起诉讼。

3. 如果有附件，附件也是本合同不可缺少之组成部分，具有同等的法律效力。

(十二) 免责条款

本合同因不可抗力而无法履行时，双方按国家的有关法律规定处理。

(十三) 其他约定事项

本合同未尽事宜，可由甲、乙双方商定，并签署书面补充协议。本合同一式二份，甲、乙双方各执一份，具有同等的法律效力。

甲　　方：	乙　　方：
(单位盖章)	(单位盖章)
委托代表人（签字）：	委托代表人（签字）：
联系电话：	联系电话：
传　　真：	传　　真：

地　　址：　　　　　　　　　　　　地　　址：
签字日期：　　　　　　　　　　　　签字日期：

附表1：产品名称、规格、型号、单价表
附表2：产品说明信息

项目二
仓储配送业务实训

仓储是产品生产、流通过程中因订单前置或市场预测前置而使产品、物品暂时存放的物流活动。它集中反映了工厂的物资活动状况，是连接生产、供应、销售的中转站，对促进生产效率的提高起着重要的辅助作用。此外，围绕着仓储实体活动，清晰准确的报表、单据账目以及会计部门核算的准确信息也同样重要，因此仓储是物流、信息流、单证流的合一。

配送是在经济合理区域范围内，根据客户要求，对物品进行拣选、加工、包装、分割、组配等作业，并按时送达指定地点的物流活动。配送是物流中一种特殊的、综合的活动形式，是商流与物流的紧密结合，包含了商流活动和物流活动，也包含了物流过程中的若干功能要素。

任务1
仓储作业流程描述

流程图是对流程步骤和流向的可视化描述，绘制流程图的过程是全面了解业务处理过程、进行系统分析的依据。同时，流程图是系统分析员、管理人员、业务操作人员相互交流的工具，可用于分析业务流程的合理性。本任务以仓储作业流程描述为背景进行技能训练。

一、任务描述

熟悉和掌握仓储作业流程有助于仓储的现场运营。因此，本任务将以一个制造类企业为例，采取调研、资料查找等方式来对仓储操作流程进行描述，并达到实训的目的。

二、实训目标

绘制出仓储作业流程图。

三、实训任务

将学生分为若干组，各组选出一个负责人，由负责人组织小组成员讨论并确定组内分工，通过分工合作完成小组任务，具体任务和操作步骤如表2—1所示。

表2—1 仓储作业流程描述实施与操作表

操作 作业内容	小组任务	操作指导
熟悉仓储作业流程	绘制仓储作业流程图	通过查询互联网、图书资料等熟悉企业仓储作业流程，选择具体仓储进行现场访问或网上调研，确定仓储作业流程

四、工作准备

（1）划分小组，各小组进行组员分工，明确各组员的职责；
（2）制定项目的实施方案，制订工作进度安排计划；

（3）做好对企业进行调研的准备工作，比如准备调查问卷等；

（4）相关的工具书，多媒体教室，互联网等；

（5）画图工具，如笔、纸、尺子等。

五、考核评价

采用形成式评价与过程考核、小组成果与个人成果相结合的方式，把基础理论知识、实践动手技能、教学参与度结合起来进行考核，考核主要通过活动过程、工作成果、个人表现及总结三个方面进行体现。其中，过程考核主要考查学生的工作态度、效率、规范性、安全性等，占30分，以小组考核为主；成果考核主要考查学生的学习质量，以小组成果为主，占50分，以教师考核为主；个人部分主要考查学生的个人能力，占20分。完成任务后，各小组组长负责填写仓储作业流程描述工作测评表，具体如表2—2所示。

表2—2　仓储作业流程描述工作测评表

组别/姓名			班级	
测评地点			日期	
项目名称	仓储配送业务实训			
任务名称	仓储作业流程描述			
测评项目	评价标准	分值	本组评分	教师评价
过程评分（30分）	参与调研工作的积极性	10		
	小组内合理分工与合作	10		
	个人成果的逻辑性	10		
成果评分（50分）	仓储作业流程正确	20		
	成果条理清楚、逻辑性强	15		
	结构图规范、准确	15		
个人总结（20分）				

六、实训指导

任务的实施与操作会涉及相关的理论知识，需要查找相关的资料，对这些资料的学习和对相关作业环节与具体内容的了解，有助于实训任务的顺利完成和活动成果的总结。

1. 明确作业流程图的定义

作业流程图是指通过适当的符号记录全部工作事项，用以描述作业活动的流向顺序。它以图的形式反映一个组织系统中各项工作之间的逻辑关系，并描述作业流程之间的联系与统一的关系。

2. 明确作业流程图的作用

作业流程图由一个开始点、一个结束点及若干中间环节组成，中间环节的每个分支也都要求有明确的分支判断条件，所以作业流程图对于作业标准化有很大的帮助。作业流程图可以帮助管理者了解实际的工作活动，消除作业过程中多余的工作环节，合并同类活动，使工作流程更为经济、合理和简便，从而提高作业效率。

3. 掌握绘制作业流程图的六要素

（1）参与者：谁在这个流程中？可以是系统，可以是打印机。更多的是指什么角色？一般是指有某种工种的人。比如，客服人员 A 和 B 两人，若他们的工作性质完全一样，那么在流程图里只需要写一个客服角色就可以了。

（2）活动：做了什么事？比如点餐、结账等活动。

（3）次序：这些事情发生的先后顺序如何？哪个任务是其他任务的前置条件？比如，客人不结账，就不会有送他优惠卡的活动。

（4）输入：每项活动开始取决于什么样的输入物或数据？比如，厨师开始做菜时，需要拿到具体的点菜单。

（5）输出：每项活动结束后，会输出什么样的文档或数据传递给下一个环节？比如，厨师做好菜后，如何让负责传菜的人知道菜已经做好了。

（6）标准化：采用一套标准化的符号用以传递流程图，从而使受众能更快地明白。

图 2—1 为保税仓库业务基本流程示例。

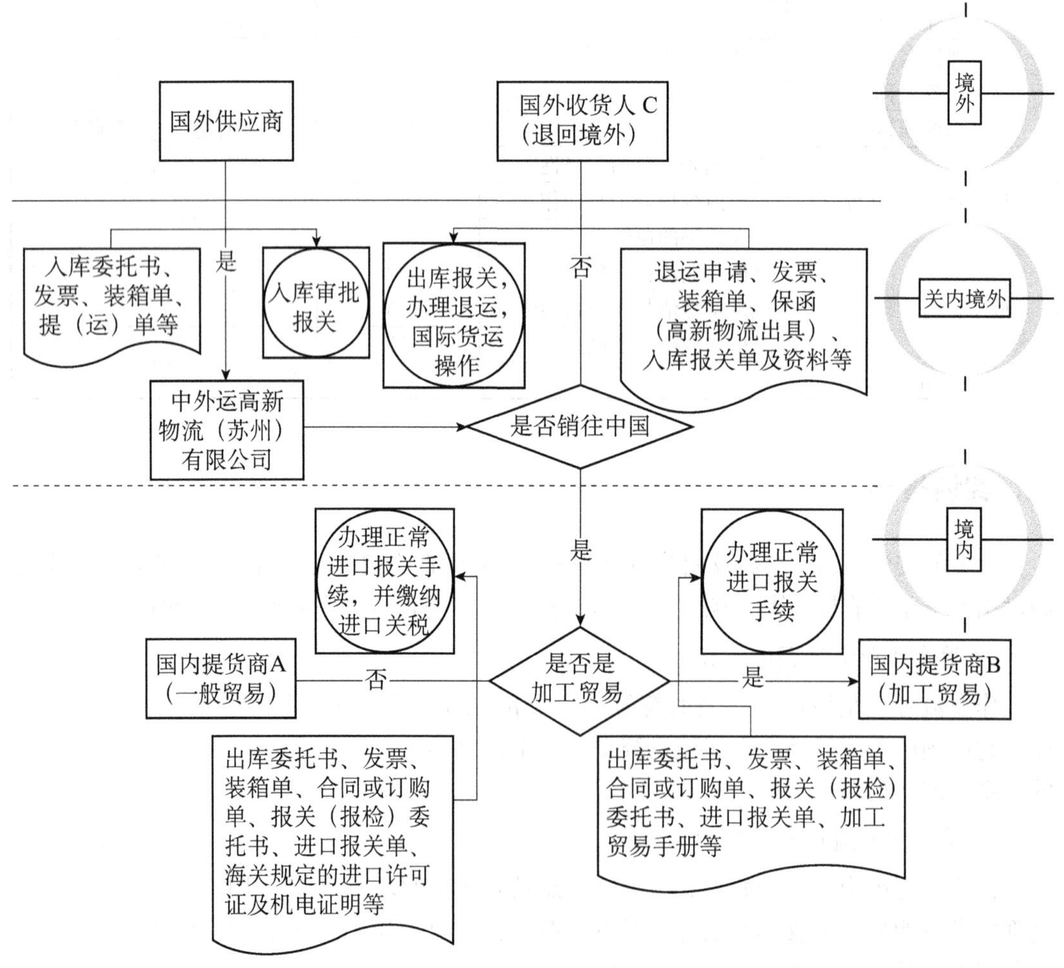

图 2—1 保税仓库业务的基本流程

4. 明确仓储作业管理的要点

仓储作业管理的要点如下：

（1）库存商品要进行定位管理，其与商品配置图的设计相似，即按照将不同的商品分类、分区管理的原则来存放，并用货架放置。

（2）确定区位后应制作一张配置图，贴在仓库入口处，以便于存取。小量储存区应尽量固定位置，整箱储存区则可弹性运用。若储存空间太小或属冷冻（藏）库，也可以不固定位置而弹性运用。

（3）储存商品不可直接与地面接触。一是为了避免潮湿，二是为了堆放整齐。

（4）要注意仓储区的温度和湿度，保持通风良好，干燥、不潮湿。

（5）仓库内要设有防水、防火、防盗等设施，以保证商品安全。

（6）商品储存货架应设置存货卡，商品进出要注意先进先出的原则。也可以采用色彩管理法，用不同颜色的标签，以明显识别进货的日期。

（7）仓储管理人员要与订货人员及时沟通，以便到货的存放。此外，还要适时提出存货不足的预警通知，以防缺货。

（8）仓库存取货原则上应随到随存、随需随取，但考虑到效率与安全，有必要制定作业时间规定。

（9）商品进出库要做好登记工作，以便明确保管责任。

（10）仓库要注意门禁管理，不得随便入内。

（11）制造型仓库的特点：1）入库分为原料入库和产品入库；2）出库分为生产出库和销售出库；3）储存分为物料储存和产成品储存；4）退货分为生产退货和销售退货。

任务 2
仓储标准操作程序的编写

标准操作程序（Standard Operation Procedure，SOP）是为了有效地实施和完成工作过程中每项工作而拟定的标准而详细的书面规程，通俗地说就是我们在进行各项工作前要学习的相关工作流程。标准操作程序是管理人员指导操作人员开展工作的必备工具，是操作人员实施现场操作的指导书。

一、任务描述

进行仓储标准操作程序的编写是在掌握仓储作业流程描述基础上的提升，可以采取调研、资料查找等方式来掌握仓储标准操作程序的编写，以达到实训的目的。本任务在任务1已经完成的对仓储作业流程描述的基础上，为该制造类企业编写仓储操作程序。

二、实训目标

完成仓储标准操作程序的编写。

三、实训任务

将学生分为若干组，各组选出一个负责人，由负责人组织小组成员讨论并确定组内分工，通过分工合作完成小组任务，具体任务和操作步骤如表2—3所示。

表2—3　　仓储标准操作程序的编写实施与操作表

操作 作业内容	小组任务	操作指导
掌握仓储操作的每一道具体工序	编写仓库标准作业操作程序： （1）入库标准操作程序 （2）保管标准操作程序 （3）出库标准操作程序 （4）退货标准操作程序	根据已经完成的任务1，编写仓储标准操作程序，以便于一线操作人员，特别是新员工使用

四、工作准备

（1）划分小组，各小组进行组员分工，明确各组员的职责；

（2）制定项目的实施方案，制订工作进度安排计划；

（3）做好对企业进行调研的准备工作，比如准备调查问卷等；

（4）相关的工具书。

五、考核评价

采用形成式评价与过程考核、小组成果与个人成果相结合的方式，把基础理论知识、实践动手技能、教学参与度结合起来进行考核，考核主要通过活动过程、工作成果、个人表现及总结三个方面进行体现。其中，过程考核主要考查学生的工作态度、效率、规范性、安全性等，占 30 分，以小组考核为主；成果考核主要考查学生的学习质量，以小组成果为主，占 50 分，以教师考核为主；个人部分主要考查学生的个人能力，占 20 分。完成任务后，各小组组长负责填写仓储标准操作程序 SOP 工作测评表，具体如表 2—4 所示。

表 2—4　　仓储标准操作程序 SOP 工作测评表

组别/姓名			班级	
测评地点			日期	
项目名称	仓储配送业务实训			
任务名称	仓储标准操作程序的编写			
测评项目	评价标准	分值	本组评分	教师评价
过程评分（30 分）	参与调研工作的积极性	10		
	小组内合理分工与合作	10		
	个人成果的逻辑性	10		
成果评分（50 分）	标准操作程序规范、正确	15		
	成果条理清楚、逻辑性强	20		
	成果的可操作性强	15		
个人总结（20 分）				

六、实训指导

任务的实施与操作会涉及相关的理论知识，需要查找相关的资料，对这些资料的学习和对相关作业环节与具体内容的了解，有助于实训任务的顺利完成和活动成果的总结。

1. 明确标准作业程序的定义

标准作业程序是指在时间与资源有限的基础上，为了执行复杂的事务而设计的内部程序。从管理学的角度来看，标准作业程序能够缩短新员工学习不熟悉且复杂的作业流程的时间，只要按照步骤指示就能避免失误与疏忽。

2. 明确标准作业程序的优缺点

（1）优点。

1）标准作业程序可以节省时间，因为时间是宝贵的。

2）标准作业程序可以节省资源，因为资源是有限的。

3）标准作业程序可以获得稳定性，因为稳定是组织继续存在的主要动力。

（2）缺点。

1）标准作业程序会抗拒变迁，无法适应特殊环境的需要。

2）标准作业程序会延误时机，无法满足民众的需求。

3）标准作业程序往往会造成“新政策”与“旧实务”之间的矛盾，无法推动改革。

延续任务 1 制造类企业的例子，该企业的入库标准操作程序如表 2—5 所示。

表 2—5 某制造类企业货物入库标准操作程序

编　　号	CK-SOP-001-00		替代编号		正文共 2 页
起 草 人		部　　门	仓　　库	部门负责人审核	
QA 审核		质量经理审核		质量负责人批准	
文件名称	货物入库标准操作程序			生效日期	

目的：规范仓库入库操作，确保入库物料的质量和数量。

范围：适用于仓储所有货物的入库操作。

责任：仓储相关人员对此程序负责。

内容：

1. 货物入库总则

（1）接收货物前必须对以下项目进行验收：

1）对照送货单核对供应单位名称、接收单位名称、品名、规格、批号、数量等项目，如有不符应拒绝入库。验收合格即开具收货单送至开票员处。

2）注意货物包装情况是否符合要求，是否有破损、污染的情况。卫生标准要求密封包装的货物发现包装破损的，一律拒收；对于包装破损但无法确认是否对货物质量产生影响的，及时通知上级主管和仓储 QA，得到明确指令后按指令操作。

（2）清点货物数量，并对货物进行抽检称重。确定数量，按实际清点数量接收。

（3）在收货区域对货物的外包装用吸尘器进行清洁，确保货物外包装无浮尘。

（4）根据货物属性确定货物储位。按要求堆垛，分批存放。物品堆垛时，标签必须朝外，不允许倒置。

（5）审核收货单，在收货联签字盖章，交至送货人作为结算凭证。

（6）根据收货单办理入库账务处理，需检验货物的，通知有关人员送检。

（7）入库物资应放置在待验区，待检验合格后方能进行转储操作。当物资容量超出待验区容量时，允许暂时放置在合格库位，用黄绳围栏作明确标志。同时，通报质量部和采购部。

（8）制作待检货位卡，放置在货物存放储位。

（9）如遇特殊情况或不符合要求的情况拒绝入库，应及时上报上级主管，在得到明确指令后按指令操作。

2. 特殊管理

（1）需要进行供应商管理的物资，根据供应商名单审核是否为 QA 规定的供应商和生产商。

（2）对货物进行抽样检查，仓储货物的抽样比例按如下方式确定：

1）原料的抽样比例如下表所示：

件数范围	抽样件数
1～10 件	2 件
11～50 件	3 件
51～100 件	5 件
101～200 件	8 件
200 件以上	10 件

2）成品验收时需抽样的应逐件称量。

3. 成品

（1）寄库操作：

1）根据车间提供的寄库单信息，核对产品名称、规格、特征、批号、数量、外包装，并录入数据。

2）寄库成品按要求堆垛，存放于待检区，记录储位。制作待检货位卡，经核对后将货位卡挂在相应储位。

（2）检验合格后的入库，参照质量部成品入库审核要求操作。

<table>
<tr><td colspan="6">4. 标签、说明书入库
（1）接收标签、说明书的保管员必须经过培训，合格后才能上岗操作，并由专人专管。
（2）非整封的标签、说明书必须清点数量，按实际验收的数量入库。</td></tr>
<tr><td colspan="6">文件索引：</td></tr>
<tr><td>序号</td><td></td><td>文件编号</td><td></td><td>文件名称</td><td></td></tr>
<tr><td colspan="6">修订历史：无</td></tr>
<tr><td colspan="3">版本号：</td><td colspan="3">生效日期：</td></tr>
<tr><td colspan="6">内容：</td></tr>
</table>

任务3
仓库储位全面分析

在仓库管理中，储位合理配置是影响仓库使用效率、人工效率、服务水平以及仓库运营成本的主要因素。某一储位在货物到达时就会被计划安排，直到该货物发货完成后才会空出，而一个仓库有成千上万个储位，只有合理安排，实时分析与调整，才能使仓库储位的利用率达到最高，运营成本最低。本任务的实训重点在于对仓库储位进行全面分析。

一、任务描述

熟悉仓库储位并能够对仓库储位进行全面分析，在此基础上形成报告，这是现场管理人员的基本技能。本任务要求学生自行参观一个仓库，采取调研、资料查找等方式来对该仓库的储位进行全面分析，并形成分析报告以达到实训的目的。

二、实训目标

能对仓库储位进行全面分析，形成分析报告。

三、实训任务

将学生分为若干组，各组选出一个负责人，由负责人组织小组成员讨论并确定组内

分工，通过分工合作完成小组任务，具体任务和操作步骤如表 2—6 所示。

表 2—6 仓库储位全面分析实施与操作表

操作 作业内容	小组任务	操作指导
掌握仓库储位分析的要点	(1) 参观一个仓库 (2) 对该仓库进行储位分析 (3) 提出建议和想法 (4) 撰写 2 000 字的分析报告	参观仓库，利用互联网、图书资料等对所参观仓库的储位进行全面分析，形成分析报告，为仓库运营决策提供支持

四、工作准备

(1) 划分小组，各小组进行组员分工，明确各组员的职责；
(2) 制定项目的实施方案，制订工作进度安排计划；
(3) 做好对企业进行调研的准备工作，比如准备调查问卷等；
(4) 相关的工具书。

五、考核评价

采用形成式评价与过程考核、小组成果与个人成果相结合的方式，把基础理论知识、实践动手技能、教学参与度结合起来进行考核，考核主要通过活动过程、工作成果、个人表现及总结三个方面进行体现。其中，过程考核主要考查学生的工作态度、效率、规范性、安全性等，占 30 分，以小组考核为主；成果考核主要考查学生的学习质量，以小组成果为主，占 50 分，以教师考核为主；个人部分主要考查学生的个人能力，占 20 分。完成任务后，各小组组长负责填写仓库储位全面分析工作测评表，具体如表 2—7 所示。

表 2—7 仓库储位全面分析工作测评表

组别/姓名			班级	
测评地点			日期	
项目名称	仓储配送业务实训			
任务名称	仓库储位全面分析			
测评项目	评价标准	分值	本组评分	教师评价
过程评分 (30 分)	参与调研工作的积极性	10		
	小组内合理分工与合作	10		
	个人成果的逻辑性	10		
成果评分 (50 分)	成果为手写稿且图文并茂	20		
	成果条理清楚、逻辑性强	15		
	成果的可操作性强	15		
个人总结 (20 分)				

六、实训指导

任务的实施与操作会涉及相关的理论知识，需要查找相关的资料，对这些资料的学习和对相关作业环节与具体内容的了解，有助于实训任务的顺利完成和活动成果的总结。

以某企业603仓库的储位分析为例，以下即为603仓库储位分析报告。

603仓库储位分析报告

一、基本概况

现有的603仓库是原801仓库与部分原603仓库经过整合的结果。现有的603仓库的商品涉及所有拆零拣选进口食品、所有拆零糖果类商品以及商品属性对温度敏感、玻璃易碎类（整件、拆零都有）商品。

二、储位属性分析

603仓库的储位设置主要涉及拣选仓位。虽有部分储存仓位，但对叉车作业的影响较大，因此基本在夏季使用。

603仓库布局为横向661巷道至686巷道总计26个巷道，储位设置四个层次，分为底层、二层、三层、四层。

（1）底层：适合放置较少动销类，体积较大、较重类商品，以减少拣选员的弯腰次数。

（2）二层：次黄金拣选位，适合放置出货量较大的拆零类、体积较小的整件类商品。

（3）三层：黄金拣选位，适合放置的商品可以参考二层的设置。

（4）四层：适合放置较少动销、体积较小、较轻类整件拣选商品，不适合放置拆零拣选类商品。

660巷道为新搭建货架，纵向一个巷道为三个层次，分为底层、二层、三层。660巷道货架储位的二、三层设置与其他巷道相同，底层比较适合放置特别重、发货量特别大的商品，以方便整托盘补货。

三、储位利用率分析

603仓库现有储位549个，其中底层150个、二层150个、三层150个、四层99个（见图2—2）。603仓库现有商品228个品项，仓库设置基本按照仓库属性分析的设置要求进行。现在仓库储位的总利用率为41.53％，具体如图2—3所示。各层次的利用率如下：

（1）底层利用率为33.33％。

（2）二层利用率为50.00％。

（3）三层利用率为45.33％。

（4）四层利用率为35.35％。

四、总结

从目前的分析情况来看，603仓库储位还比较空余。603仓库区域因有空气调节设备，适合存放温度敏感类食品、拆零拣选类食品、价值较高的食品。对于动销不是很大的食品也可以暂时存放。

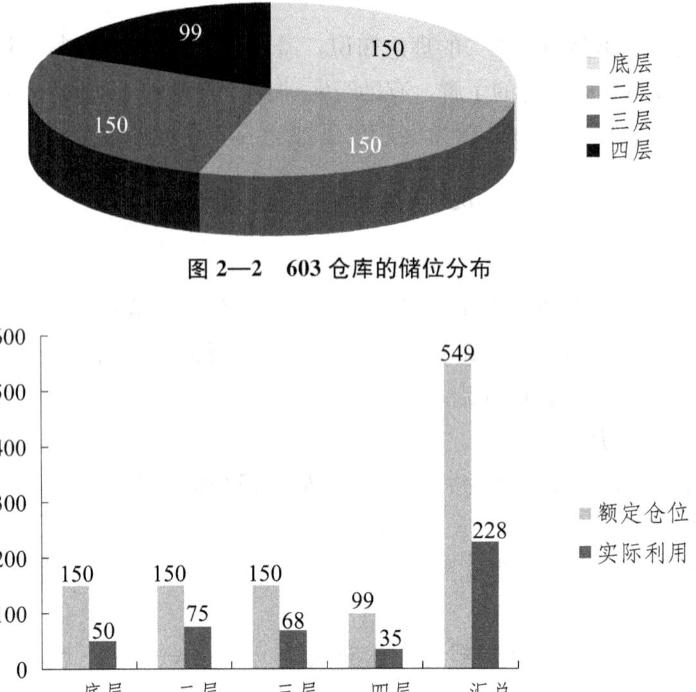

图 2—2　603 仓库的储位分布

图 2—3　603 仓库的利用率

任务 4 编制配送计划

满足客户需要，合理安排人员、车辆运营是编制配送计划的目的。对资源进行有效的整合和实现综合成本最优，是编制配送计划的关键。本任务以两个案例为主导，涉及工时选择、车辆选择、人员安排等知识。

一、任务描述

熟悉配送作业是仓储配送现场运营管理的基础。本任务以一个制造类企业的仓储为例，要求学生采取调研、资料查找等方式来掌握仓储配送计划的编制，以达到实训的目的。

二、实训目标

编制配送计划。

三、实训任务

将学生分为若干组，各组选出一个负责人，由负责人组织小组成员讨论并确定组内分工，通过分工合作完成小组任务，具体任务和操作步骤如表 2—8 所示。

表 2—8　　仓储作业流程描述实施与操作表

操作／作业内容	小组任务	操作指导
编制配送计划	根据要求编制配送计划，保证配送业务的正常运行	通过查询互联网、图书资料等方式熟悉生产企业的配送作业流程，根据车间生产，合理配置车辆与人员

四、工作准备

（1）划分小组，各小组进行组员分工，明确各组员的职责；
（2）制定项目的实施方案，制订工作进度安排计划；
（3）相关的工具书等。

五、考核评价

采用形成式评价与过程考核、小组成果与个人成果相结合的方式，把基础理论知识、实践动手技能、教学参与度结合起来进行考核，考核主要通过活动过程、工作成果、个人表现及总结三个方面进行体现。其中，过程考核主要考查学生的工作态度、效率、规范性、安全性等，占 30 分，以小组考核为主；成果考核主要考查学生的学习质量，以小组成果为主，占 50 分，以教师考核为主；个人部分主要考查学生的个人能力，占 20 分。完成任务后，各小组组长负责填写编制配送计划工作测评表，具体如表 2—9 所示。

表 2—9 编制配送计划工作测评表

组别/姓名			班级	
测评地点			日期	
项目名称	仓储配送业务实训			
任务名称	编制配送计划			
测评项目	评价标准	分值	本组评分	教师评价
过程评分（30 分）	参与调研工作的积极性	10		
	小组内合理分工与合作	10		
	个人成果的质量	10		
成果评分（50 分）	资料一的配送方案	20		
	资料二的配送方案	20		
	实训报告	10		
个人总结（20 分）				

六、实训指导

根据资料要求，编制配送计划。

（一） 背景资料

【资料一】 某制造企业仓储中心位于距离生产工厂 30 千米的郊区，且要通过一座跨江大桥，仓储中心有原料仓库和产成品仓库两个库区。为了方便运输作业，要求托盘联运，运输如使用厢式货车，每车可放置 15 托，运输如使用挂车（牵引车+货柜），每车可放置 24 托。从仓储中心到生产工厂，每日需要运输物料 70 托、产成品 95 托，由于生产中心采取三班制生产模式，晚上 23 点至早上 8 点的生产量为 20 托，其余在白天有序生产，单程运输时间为 50 分钟，需要安排司机每周休息 1 天，司机午餐及晚餐吃饭时间均为 30 分钟。

根据以上情况编制单月最优配送计划（提示：可以考虑是需要厢式货车还是挂车，需要几辆，需要安排司机几人，司机每日上班和下班时间各是几点等因素）。

【资料二】 承接资料一，近日跨江大桥需要进行为期 60 天的维修，车辆需要改走高速，路程为单程 55 千米，为满足上述生产需要，请对配送计划进行调整。

（二） 要点提示

编制配送计划的目的是以最少的人员、设备、费用的投入满足客户的需要，同时取得收益。因此，在编制配送计划时，在车辆、人员的问题上需要从运营成本的角度进行总体思考。任何计划和方案没有对错，只有最优。

1. 通过工时制的选择来确定上、下班时间和司机人数

（1）标准工时制。标准工时制的工作时间比较固定，且延长工作时间有明确而严格的限制，并必须满足以下条件：

1）员工每天工作最长工时为 8 小时，周最长工时为 40 小时。

2）用人单位应保证劳动者每周至少休息 1 日。

3）因生产经营需要，经与工会和劳动者协商，一般每天延长工作时间不得超过 1 小时。

4）因特殊原因，每天延长工作的时间不得超过 3 小时。

5）每月延长工作的时间不得超过 36 小时。

（2）综合工时制。综合工时制以标准工时制为基础，以一定的期限为周期，综合计算工作时间，具有以下特点：

1）一般以月、季、年为周期综合计算工作时间。

2）其平均日工作时间和平均周工作时间应当与法定标准基本相同，也就是说，在综合计算周期内，某一具体日（或周）的实际工作时间可以超过 8 小时（或 40 小时），但综合计算周期内的实际总工作时间不能超过总法定标准工作时。

3）实行综合计算工时制的，无论劳动者平时工作时间为多少，只要在一个综合工时计算周期内的总工作时间不超过以标准工时制计算的应当工作的总时间，即不视为加班。若超过，则超过部分视为延长的工作时间，并按《中华人民共和国劳动法》的规定支付报酬，且延长的时间平均每月不得超过 36 小时。

4）企业对符合下列条件之一的职工，可实行综合工时制：交通、铁路、邮电、水运、航空、渔业等行业中因工作性质特殊，需连续作业的职工；地质及资源勘探、建筑、制盐、制糖、旅游等受季节和自然条件限制的行业的部分职工；其他适合实行综合工时制的职工。

从综合工时制的特点来看，其基础仍然是标准工时制，虽然允许一定周期范围内对员工的工作时间进行综合计算，某日（或某周）具体的工时可以超过法定标准，但是仍然要坚持一定周期内总的工作时间及平均工作时间都不能违反法定标准。

（3）不定时工时制。经批准实行不定时工作制的员工，不受《中华人民共和国劳动法》第 41 条规定的日延长工作时间标准和月延长工作时间标准的限制，用人单位应采取适当的方式，确保职工的休息休假权，兼顾工作任务的完成。采用这种工时制，除法定节假日工作外，其他时间工作不算加班。

（4）工作日计算。

年工作日：365 天/年－104 天/年（休息日）－11 天/年（法定休假日）

＝250 天/年

季工作日：250 天/年÷4 季＝62.5 天

月工作日：250 天/年÷12 月＝20.83 天

工作小时数的计算：以月、季、年的工作日数乘以每日的 8 小时。

（5）日工资、小时工资折算。

按照《中华人民共和国劳动法》第 51 条的规定，法定节假日用人单位应当依法支付工资，即折算日工资、小时工资时不剔除国家规定的 11 天法定节假日。据此，日工资、小时工资的折算为：

日工资＝月工资收入÷月计薪天数

小时工资＝月工资收入÷（月计薪天数×8 小时）

月计薪天数＝（365 天－104 天）÷12 月＝21.75 天

2. 通过对配送作业的比较来确定车辆型号和数量

（1）半挂车的概念。半挂车是车轴置于车辆重心（当车辆均匀受载时）后面，并且装有可将水平或垂直力传递到牵引车的联结装置的挂车。

（2）半挂车的特点。与“单体式”汽车相比，半挂车更能够提高公路运输的综合经济效益。运输效率可提高 30%～50%，成本可降低 30%～40%，油耗可下降 20%～30%。

任务 5 编制产品配送验证方案

在产品配送的过程中，对于有温度和湿度要求的产品（如药品），生产厂家需要对产品进行相应的温度和湿度验证，以确保产品的质量符合国家相应的法规要求，同时保证产品质量满足特殊客户的需要。编制产品配送验证方案是检验产品在流通过程中是否符合相应运输条件的前提，也是改进配送方式、改变配送工具、调整配送路线的基础。

一、任务描述

编制产品配送验证方案是保证配送产品在运输过程中符合相应温度和湿度控制要求的前提。因此，本任务以某个产品为例，让学生采取调研、资料查找等方式来实践产品配送验证方案的编制，以达到实训的目的。

二、实训目标

编制产品配送验证方案。

三、实训任务

将学生分为若干组，各组选出一个负责人，由负责人组织小组成员讨论并确定组内

分工，通过分工合作完成小组任务，具体任务和操作步骤如表 2—10 所示。

表 2—10　　编制产品配送验证方案实施与操作表

操作 作业内容	小组任务	操作指导
编制产品配送验证方案	编制产品配送验证方案，保证产品符合温度和湿度控制要求	通过查询互联网、图书资料来熟悉产品温度和湿度控制要求在配送作业过程中的应用

四、工作准备

（1）划分小组，各小组进行组员分工，明确各组员的职责；

（2）制定项目的实施方案，制订工作进度安排计划；

（3）做好对企业调研的准备工作，比如准备调查问卷等；

（4）相关的工具书等。

五、考核评价

采用形成式评价与过程考核、小组成果与个人成果相结合的方式，把基础理论知识、实践动手技能、教学参与度结合起来进行考核，考核主要通过活动过程、工作成果、个人表现及总结三个方面进行体现。其中，过程考核主要考查学生的工作态度、效率、规范性、安全性等，占 30 分，以小组考核为主；成果考核主要考查学生的学习质量，以小组成果为主，占 50 分，以教师考核为主；个人部分主要考查学生的个人能力，占 20 分。完成任务后，各小组组长负责填写编制产品配送验证方案工作测评表，具体如表 2—11 所示。

表 2—11　　编制产品配送验证方案工作测评表

组别/姓名			班级	
测评地点			日期	
项目名称	仓储配送业务实训			
任务名称	编制产品配送验证方案			
测评项目	评价标准	分值	本组评分	教师评价
过程评分（30 分）	参与调研工作的积极性	10		
	小组内合理分工与合作	10		
	个人成果的质量	10		
成果评分（50 分）	验证方案规范、准确	20		
	成果条理清楚、逻辑性强	20		
	实训报告	10		
个人总结（20 分）				

六、实训指导

任务的实施与操作会涉及相关的理论知识，需要查找相关的资料，对这些资料的学习和对相关作业环节与具体内容的了解，有助于实训任务的顺利完成和活动成果的总结。

以××产品为例，以下是××产品配送验证方案。

××产品配送验证方案

一、目的

评价××产品在运输过程中可能影响产品质量的各种环境变化因素，对其整个运输过程进行验证，证明运输过程不会影响产品的质量。

验证过程应严格按照本方案规定的内容进行，因特殊原因确需变更时，应填写验证方案变更申请及批准表，报验证领导小组批准。

二、职责

1. 中方公司——A 公司

(1) 负责验证方案的起草审批。

(2) 负责验证人员的协调工作，以保证本验证方案的顺利实施。

(3) 负责验证数据及结果的审核。

(4) 负责验证报告的起草与审批。

(5) 负责建立分析数据，以及运输前在中国的产品放行事宜。

2. 运输公司——W 公司

(1) 负责对运输过程中环境的变化提出建议。

(2) 负责在产品运输过程中控制规定的温度和湿度。

3. 美方公司——B 公司

(1) 负责验证方案、报告的批准。

(2) 负责产品到达美方公司后的质量检测及数据收集并反馈给 A 公司，负责在美国的产品放行事宜。

三、引言

1. 验证小组成员及验证时间

(1) 验证小组成员：________（职务），________（职务），________（B 公司 QA 经理），________（W 公司的________）。

(2) 验证时间：________年________月________日至________年________月________日验证结束，于________年________月________日完成验证报告。

2. 运输风险评估

(1) A 产品在 B 公司注册技术文件中原始的稳定性数据的基础上，还要用上__________________稳定性数据及在 A 公司生产的产品的原始数据，来确定增温时间和温度上限。

（2）按照 W 公司提供的数据，下列时间是以最糟的情况计算出的：从 A 公司仓库到机场，卡车运输需要________小时。

（3）运输季节分为春、夏、秋、冬。本地区在这些季节的最高温度为：春季________，夏季________，秋季________，冬季________。

（4）××产品是通过纸箱运输的。这些纸箱是双层箱壁，壁厚为________mm，中间是波状壁，壁厚为________mm，两层箱壁的间距为________mm，放在温度为________、湿度为________的冷藏车厢中。这些纸箱是稳定性经检验为________N 的标准箱，质量较好，一般不会破损。如因运输过程中的问题导致纸箱被利物戳破，则可以拒收。

（5）风险评估。

W 公司是经国家批准的，具有航空货运代理资格的销售代理人，是国际航协（IATA）注册货运代理人。公司主要承办空运货物的国际（含地区）、国内和航空特快专递运输销售代理业务，主要服务内容包括：上门取货、订舱、仓储、中转、报关报验、到达货物派送、代理保险、国际国内特快专递、外贸进出口业务等。为了满足各类客户的要求，公司推出“门到门服务”、“24 小时服务”、“快捷通道服务”、“精品时效服务”、“空铁联运服务”等一系列便捷的运输方式。

航空货运公司是国内各航空公司指定销售代理商，也是韩亚航空、大韩航空、日本航空等国际/地区航空公司的指定销售代理商。

其相关资质证书附后。

3. 批号选择

（1）作为此次运输验证的是________产品。规格为________，批号分别为________、________、________。

（2）××产品在仓库中的贮藏条件是防鼠、防虫、防雨淋以及适宜的温度和湿度，温度为________，湿度为________。

4. 运输监控

（1）温度和湿度监控。运输中要用温度和湿度自动记录仪来监控温度和湿度，每 20 分钟测一次，温度和湿度自动记录仪放在纸箱中，固定在纸箱壁上，以监控最糟的状况。冷藏车厢内放一个温度和湿度自动记录仪。

（2）运输监控。在和运输公司的合作中，需要交接单。

5. 运输流程

现在我们委托 W 公司进行空运，××产品是放在金属密闭的冷藏车厢中（型号：________），所以我们可以确认在防鼠、防虫、防雨上没有问题，主要风险是运输过程中（温度：________，湿度：________）对××产品质量的影响，在运输过程中我们主要用温度和湿度自动记录仪对冷藏车厢内的温度和湿度进行监控。

6. 运输步骤

（1）运输代理公司：W 公司。

（2）W 公司的运输流程如下：

1）A 公司将出口托运单传给 W 公司。

2）W 公司与机场确认航班班次，预订舱位及价格情况。

3）机场确认后告知 W 公司航班班次为________。

4）完成单证的制作以及报关手续。

5）冷藏车带着交接单到 A 公司后，B 公司 QA 经理先确认冷藏车厢内的温度和湿度达到 A 公司的要求后，开始进行××产品的装车。

6）冷藏车到达机场，机场人员检查冷藏车，确认制冷情况良好后，××产品进入机场待装区，待装区的温度和湿度必须在监控范围内（温度为 15℃～25℃，湿度<65%）。

7）××产品装至飞机可制冷区，于飞机上全程制冷出运至目的地机场。

7. 到达 B 公司仓库的步骤

(1) ××产品到达 B 公司仓库时，B 公司将发出确认信。把温度和湿度记录仪与交接单原件（包括进入 B 公司仓库的最后一份）寄到 A 公司进行确认。

(2) B 公司要把在实验室做的分析数据寄到 A 公司以确认运输过程对 A 公司产品的影响。

四、验证实施

根据验证方案对运输过程进行验证，为保证验证的可靠性，本验证共进行 3 次。

五、验证结果分析和评价

技术质量部负责根据验证情况，收集各项验证结果记录，根据验证结果起草验证报告。

六、验证结果评定与结论

A 公司负责对验证结果进行综合评审，作出验证结论，发放验证证书。

任务 6
交通事故处置分析

在车辆配送过程中，交通事故的发生不可避免。交通事故有其不可预料性和复杂性，有效处置交通事故是现场运营管理工作的重要内容，而通过对交通事故的分析进而采取较好的预防措施是交通事故处置分析的最终目标。

一、任务描述

掌握交通事故处置分析是仓储配送现场运营管理应急处置的核心能力。本任务以一起交通事故为案例，要求学生采取调研、资料查找等方式来对交通事故进行分析，以达到实训的目的。

二、实训目标

交通事故处置分析。

三、实训任务

将学生分为若干组，各组选出一个负责人，由负责人组织小组成员讨论并确定组内分工，通过分工合作完成小组任务，具体任务和操作步骤如表 2—12 所示。

表 2—12　　交通事故处置分析实施与操作表

操作 作业内容	小组任务	操作指导
交通事故处置分析	(1) 叙述一起交通事故 (2) 绘制交通事故草图 (3) 撰写交通事故报告 (4) 撰写交通事故预防报告	通过查询互联网、图书资料等方式掌握交通事故处置的方法

四、工作准备

(1) 划分小组，各小组进行组员分工，明确各组员的职责；
(2) 制定项目的实施方案，制订工作进度安排计划；
(3) 相关的工具书等。

五、考核评价

采用形成式评价与过程考核、小组成果与个人成果相结合的方式，把基础理论知识、实践动手技能、教学参与度结合起来进行考核，考核主要通过活动过程、工作成果、个人表现及总结三个方面进行体现。其中，过程考核主要考查学生的工作态度、效率、规范性、安全性等，占 30 分，以小组考核为主；成果考核主要考查学生的学习质量，以小组成果为主，占 50 分，以教师考核为主；个人部分主要考查学生的个人能力，占 20 分。完成任务后，各小组组长负责填写交通事故处置分析工作测评表，具体如表 2—13 所示。

表 2—13 交通事故处置分析工作测评表

<table>
<tr><td>组别/姓名</td><td colspan="2"></td><td>班级</td><td></td></tr>
<tr><td>测评地点</td><td colspan="2"></td><td>日期</td><td></td></tr>
<tr><td>项目名称</td><td colspan="4">仓储配送业务实训</td></tr>
<tr><td>任务名称</td><td colspan="4">交通事故处置分析</td></tr>
<tr><td>测评项目</td><td>评价标准</td><td>分值</td><td>本组评分</td><td>教师评价</td></tr>
<tr><td rowspan="3">过程评分（30 分）</td><td>参与调研工作的积极性</td><td>10</td><td></td><td></td></tr>
<tr><td>小组内合理分工与合作</td><td>10</td><td></td><td></td></tr>
<tr><td>个人成果的质量</td><td>10</td><td></td><td></td></tr>
<tr><td rowspan="3">成果评分（50 分）</td><td>事故草图清晰、内容完整</td><td>20</td><td></td><td></td></tr>
<tr><td>报告条理清楚、逻辑性强</td><td>20</td><td></td><td></td></tr>
<tr><td>实训报告</td><td>10</td><td></td><td></td></tr>
<tr><td>个人总结（20 分）</td><td colspan="4"></td></tr>
</table>

六、实训指导

任务的实施与操作会涉及相关的理论知识，需要查找相关的资料，对这些资料的学习和对相关作业环节与具体内容的了解，有助于实训任务的顺利完成和活动成果的总结。

1. 实施指导

（1）通过查询互联网、图书资料等方式摘录一起车辆交通事故，并将这起交通事故编写成案例。

（2）将编写好的案例进行小组讨论，采用角色扮演的方式进行小组成员分工：A 队：事故当事人；B 队：事故处置分析人。

（3）A 队通过假设完成交通事故草图的绘制。

（4）B 队通过较强的逻辑推理分析事故发生的原因，完成交通事故分析报告的撰写，报告的模板如表 2—14 所示。

（5）A 队和 B 队共同完成交通事故预防报告的撰写，报告的模板如表 2—15 所示。

（6）各组负责人对此次事故的分析作整体把控。

2. 交通事故处置的基本流程

（1）发生交通事故时，应立即打开车辆双闪警示灯。在车辆后 20 米处放置警示标志。

（2）若发生了只有车损的事故，也应及时报告运输部主管。在保护事故现场的同时，拨打 110 报警并致电保险公司，让其到现场进行勘查，为日后的责任认定提供方便。

表 2—14　**交通事故报告模板**

<table>
<tr><td>员工编号</td><td></td><td>报告编号</td><td></td><td>事故日期</td><td></td></tr>
<tr><td>员工姓名</td><td></td><td>职　　务</td><td></td><td>事故发生时间</td><td></td></tr>
<tr><td>所属单位</td><td></td><td>是否为再犯</td><td></td><td>事故上报日期</td><td></td></tr>
<tr><td>主管姓名</td><td></td><td>损失/受伤</td><td></td><td>事故类型</td><td></td></tr>
<tr><td>设备类型</td><td colspan="2"></td><td rowspan="2">伤亡人数</td><td>受伤人数</td><td>死亡人数</td></tr>
<tr><td>对方车辆类型</td><td colspan="2"></td><td></td><td></td></tr>
<tr><td rowspan="2">事发地点</td><td rowspan="2" colspan="2"></td><td>道路类型</td><td colspan="2"></td></tr>
<tr><td>现场特征</td><td colspan="2"></td></tr>
<tr><td>事发地点类型</td><td colspan="2"></td><td>我方车速</td><td colspan="2"></td></tr>
<tr><td>天气状况</td><td colspan="2"></td><td>道路状况</td><td colspan="2"></td></tr>
<tr><td>事故简述
（参照驾驶员
提交的说明）</td><td colspan="5"></td></tr>
<tr><td colspan="2">事发时我方驾驶员在做什么</td><td colspan="4"></td></tr>
<tr><td colspan="2">第三方的说明</td><td colspan="4"></td></tr>
<tr><td colspan="2">事发时第三方驾驶员在做什么</td><td colspan="4"></td></tr>
<tr><td colspan="3">车辆/财产损失情况</td><td colspan="3">受伤情况</td></tr>
<tr><td colspan="2">描述我方的车损情况</td><td></td><td colspan="3" rowspan="2">描述我方驾驶员的受伤情况，包括提供哪些救护措施：</td></tr>
<tr><td colspan="2">描述第三方的车损情况</td><td></td></tr>
<tr><td colspan="2">描述我方的财产损失情况</td><td></td><td colspan="3" rowspan="2">描述第三方的受伤情况，包括提供哪些救护措施：</td></tr>
<tr><td colspan="2">描述第三方的财产损失情况</td><td></td></tr>
<tr><td colspan="6">第三方信息</td></tr>
<tr><td>姓名</td><td></td><td>姓名</td><td></td><td>姓名</td><td></td></tr>
<tr><td>电话</td><td></td><td>电话</td><td></td><td>电话</td><td></td></tr>
<tr><td>地址</td><td></td><td>地址</td><td></td><td>地址</td><td></td></tr>
<tr><td colspan="6">目击证人信息</td></tr>
<tr><td>姓名</td><td></td><td colspan="4" rowspan="2">说明：</td></tr>
<tr><td>电话</td><td></td></tr>
<tr><td colspan="6">以上说明尽可能反映了事故的真实情况。

驾驶员签名：　　　　　　　　　　　　日期：

主管签名：　　　　　　　　　　　　　日期：</td></tr>
<tr><td colspan="6">复核：

部门经理签字：　　　　　　　　　　　日期：</td></tr>
</table>

（3）造成有人员伤亡且车损严重的重大事故时，驾驶员应当保护现场，并及时报告运输部主管，并拨打 110 报警和呼叫 120 急救中心。驾驶员必须在确保安全的情况下，立即组织车上人员疏散到安全地点，避免发生次生事故。驾驶员已因道路交通事故死亡或者受伤无法行动的，车上其他人员应当自行组织疏散。

（4）驾驶员应积极配合运输部主管和交警进行事故调查和认定。交警在事故双方认可并签字后，出具道路交通事故责任认定书。

（5）运输部主管应及时与保险公司、车辆维修厂进行联系，处理车辆维修事宜。

（6）事后，运输部主管必须对交通事故进行分析，并采取预防措施。

（7）需要呈报上级部门的文件应及时上报。

3. 交通事故现场图的绘制要求

（1）准确无误：对整个现场描摹正确。

（2）定向准确：图纸上东、西、南、北四个方向清晰无误，公路走向一目了然，符合公路实际走向。

（3）全面反映情况：现场图纸既能反映现场路形、路质、路宽等，又能反映出肇事因素。

（4）标注齐全：对道路的走向、纵坡、弯道半径、遗留物等应标注齐全。

（5）文字说明：对图上不便表示的情况，应作简要的文字说明。

表 2—15　　交通事故预防报告模板

<table>
<tr><td>员工编号</td><td></td><td colspan="3">报告编号</td><td></td></tr>
<tr><td>员工姓名</td><td></td><td colspan="3">职　　务</td><td></td></tr>
<tr><td>所属单位</td><td></td><td colspan="3">事故日期</td><td></td></tr>
<tr><td>主管姓名</td><td></td><td colspan="3">调查负责人</td><td></td></tr>
<tr><td>事故类型</td><td></td><td colspan="3">之前是否有可避免事故</td><td></td></tr>
<tr><td rowspan="2">事发地点</td><td rowspan="2"></td><td colspan="4">之前可避免事故记录</td></tr>
<tr><td>序号</td><td>类型</td><td colspan="2">可避免/不可避免</td></tr>
<tr><td>事发地点类型</td><td></td><td></td><td></td><td colspan="2"></td></tr>
<tr><td rowspan="2">事故简述（参照驾驶员提交的说明）</td><td rowspan="2"></td><td></td><td></td><td colspan="2"></td></tr>
<tr><td></td><td></td><td colspan="2"></td></tr>
</table>

<table>
<tr><td>你认为导致事故的原因</td><td colspan="3"></td></tr>
<tr><td>事发次日驾驶员是否继续驾车</td><td></td><td>如有，请解释</td><td></td></tr>
<tr><td>再次准许驾驶的日期</td><td></td><td>事故判定</td><td></td></tr>
</table>

<table>
<tr><td colspan="5">事故原因与预防措施（至少列举两条）</td></tr>
<tr><td>根本原因</td><td>预防措施</td><td>责任人</td><td>计划完成时间</td><td>完成时间</td></tr>
<tr><td></td><td></td><td></td><td></td><td></td></tr>
<tr><td></td><td></td><td></td><td></td><td></td></tr>
<tr><td></td><td></td><td></td><td></td><td></td></tr>
</table>

<table>
<tr><td colspan="5">报告填写人</td></tr>
<tr><td>姓名</td><td></td><td>可避免/不可避免</td><td>签字</td><td>日期</td></tr>
<tr><td>操作主管</td><td></td><td></td><td></td><td></td></tr>
<tr><td colspan="5">事故回顾</td></tr>
<tr><td>部门经理</td><td></td><td>事故驾驶员回顾</td><td colspan="2"></td></tr>
<tr><td colspan="3">司机签字：</td><td colspan="2">主管签字：</td></tr>
</table>

项目三
运输管理业务实训

运输管理是指对产品从生产者手中到中间商手中再到消费者手中的运送过程的管理，是对整个运输过程的运输计划、发运、接运、中转等活动中的人力、运力、财力和运输设备等各个环节进行的合理组织，以求用同样的劳动消耗，运输较多的货物，提高运输效率，取得最好的经济效益。运输管理是供应链与物流管理中的重要环节，通过运输管理业务实训，学生应熟悉并掌握现代运输管理的整个作业过程，掌握运输作业的方法和原则，以培养自身实际的工作能力和专业技能。

任务1 运输资源管理

运输资源管理是完成物流运输任务的重要环节，其岗位人员由运输管理人员及部门负责人组成，具体从事运输管理中的人员管理、设备管理和客户管理等工作。本任务针对运输资源管理的方法和技能进行训练。

一、任务描述

正确认识交通运输资源的作用、分类和管理方法，对充分发挥各种资源的作用，提高经济效益，具有十分重要的意义。采取调研、资料查找等方式来解决交通运输管理所涉及的资源，明确如何对这些资源进行分类管理等问题，从而提高运输管理过程中人员管理、设备管理和客户管理的水平。

二、实训目标

(1) 熟悉各种交通运输资源的分类；
(2) 了解运输资源的管理方法；
(3) 能够使用计算机软件对运输资源进行管理。

三、实训任务

将学生分为若干组，各组选出一个负责人，由负责人组织小组成员讨论并确定组内分工，通过分工合作完成小组任务，最后提交实训报告和相关表格。具体任务和操作步骤如表3—1所示。

表3—1　　运输资源管理实施与操作表

操作 / 作业内容	小组任务	操作指导
运输部门的人员管理	认识和描述运输部门的人员分类、工作范围及职责，探讨人员管理的方法	通过查询互联网、图书资料等方式明确企业运输部门的工作范围，选择具体的企业，通过进行现场访问、问卷调查、网上调研等方法，确定该企业运输人员的管理方法

续前表

操作 作业内容	小组任务	操作指导
运输部门的设备管理	认识和描述运输部门的设备分类及用途，探讨设备的管理方法	收集相关的资料并进行整理和分类，选择具体的企业，通过进行现场访问、问卷调查、网上调研等方法，确定该企业运输设备的管理方法
运输部门的客户管理	认识和描述运输部门的客户分类，探讨客户的特点和管理方法	选择具体的企业，通过进行现场访问、问卷调查、网上调研等方法，确定该企业客户的管理方法

四、工作准备

（1）划分小组，各小组进行组员分工，明确各组员的职责；

（2）制定项目的实施方案，制订工作进度安排计划；

（3）做好对企业进行调研的准备工作，比如准备调查问卷等。

五、考核评价

采用形成式评价与过程考核、小组成果与个人成果相结合的方式，把基础理论知识、实践动手技能、教学参与度结合起来进行考核，考核主要通过活动过程、工作成果、个人表现及总结三个方面进行体现。其中，过程考核主要考查学生的工作态度、效率、规范性、安全性等，占 30 分，以小组考核为主；成果考核主要考查学生的学习质量，以小组成果为主，占 50 分，以教师考核为主；个人部分主要考查学生的个人能力，占 20 分。完成任务后，各小组组长负责填写运输资源管理实训工作测评表，如表 3—2 所示。

表 3—2　　运输资源管理实训工作测评表

组别/姓名			班级	
测评地点			日期	
项目名称	运输管理业务实训			
任务名称	运输资源管理			
测评项目	评价标准	分值	本组评分	教师评价
过程评分（30 分）	参与调研工作的积极性	10		
	小组内合理分工与合作	10		
	个人成果的逻辑性	10		
成果评分（50 分）	资源分类的正确性	15		
	资源管理方法的合理性	15		
	成果条理清楚、逻辑性强	10		
	结构图规范、正确	10		
个人总结（20 分）				

六、实训指导

任务的实施与操作会涉及相关的理论知识，需要查找相关的资料，对这些资料的学习和对相关作业环节与具体内容的了解，有助于实训任务的顺利完成和活动成果的总结。对运输资源进行管理可以采用传统的模式，也可以采用计算机软件辅助管理的方式。以下是采用计算机软件对部分运输资源进行管理的示例，供学生参考。

运输基础资料和车辆资源管理

一、目的和要求

要求学生通过实训熟悉基础资料的建立、维护过程，能够建立人员信息、分公司信息、客户信息、外包公司信息、班线信息、货品信息和车辆信息，并能够进行添加、修改、删除等维护操作。

二、操作步骤

（一）登录系统

（二）基础资料

(1) 人员信息。

(2) 分公司信息。

(3) 客户信息。

(4) 外包公司信息。

(5) 班线信息。

(6) 货品信息。

（三）车辆信息

(1) 车辆基本信息。

(2) 车辆运用信息。

(3) 车辆动态信息。

(4) 车辆维护信息。

(5) 车辆使用信息。

三、实训项目操作

（一）登录系统

在图3—1所示的界面中依次输入操作员用户名及密码信息，点击【登录】按钮，登录运输管理系统；点击【重置】按钮，则输入文本框的信息被清空。

（二）基础资料

1. 人员信息

如图3—2所示，选择分公司下拉列表可以查询其他分公司的科室信息；点击【增加】链接，可以输入新建科室的具体信息；点击科室列表中的【机构名称】链接，可以查看该科室的具体信息；点击科室列表中的【显示人员】链接，可以查询该科室下的人

图 3—1 运输管理系统登录界面

员列表信息，选中的科室以特殊底色标出；点击人员列表中的【名称】链接，可以查看该人员的具体信息；点击人员列表中的【角色】链接，可以查询该人员所拥有的角色信息；点击人员列表中的【工种】链接，可以查询该人员所拥有的工种信息。

编辑查看人员信息，在如图 3—3 所示的界面输入人员信息，点击【保存】按钮即可。每个人员的登录名不可以重复。如果人员在作业中，则不可以删除。“名称”、“登录名”、“出生年月”、“工作日期”栏不能为空。新增加人员的默认密码为 1。

供应连管理系统 - Microsoft Internet Explorer

Logis 运输管理系统 [帮助]

当前用户：安立欣

运输系统 / 基础资料 / 人员管理 / 分公司管理 / 客户管理 / 外包公司 / 班线管理 / 货品管理 / 规格管理 / 车辆管理 / 业务管理

分公司：沧州 增加

机构名称	机构类型	电话	传真	负责人	地址	状态	备注	机构人员	操作
财务结算中心	财务科	3081750	3081751	姚琳	沧州市东外环48号	正常		显示人员	添加人员
副经理	综合办公室	3081750	3081751	温如才	沧州市东外环48号	正常		显示人员	添加人员
驾驶员	调度科	3081750	3081751	王奎江 郑玉春	沧州市东外环48号	正常		显示人员	添加人员
经理	综合办公室	3081750	3081751	张玉周	沧州市东外环48号	正常		显示人员	添加人员
客服	库房	3081750	3081751	冉冰	沧州市东外环48号	正常		显示人员	添加人员
业务科	库房	3081750	3081751	王奎江 郑玉春	东外环48号	正常		显示人员	添加人员

名称	性别	登录名	职务	电话	手机	电子邮件	状态	备注	角色	工种
李凤贤	女	lifengxian	普通员工	3081750	13084504079				角色	工种
李海玲	女	lihailing	普通员工	3081750					角色	工种
吕玉兰	女	lvyulan	普通员工	3081750					角色	工种
冉冰	女	ranbing	普通员工	3081750	13831740203				角色	工种
王奎江	男	wangkuijiang	科长	3081750	13333173229				角色	工种
吴坦英	女	wutanying	普通员工	3081750					角色	工种
张红岩	女	zhanghongyan	普通员工	3081750					角色	工种
郑玉春	男	zhengyuchun	科长	3081750	13012034957				角色	工种

图 3—2 分公司科室信息列表

编辑查看人员的角色信息，可在界面中选择角色信息，如图 3—4 所示，点击【保存】按钮即可；编辑查看人员的工种信息，可在界面中选择工种信息，点击【保存】按钮即可；点击【重置】按钮，则单选框被清空。

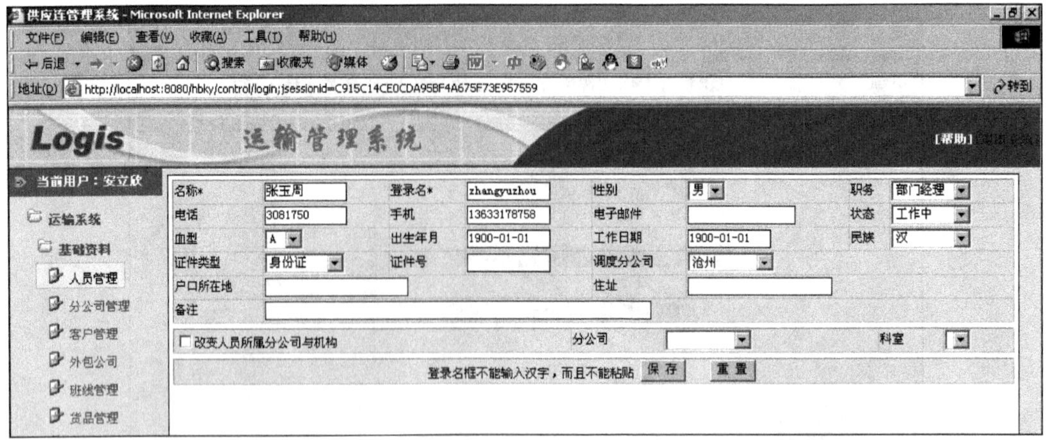

图 3—3　编辑查看人员信息的界面

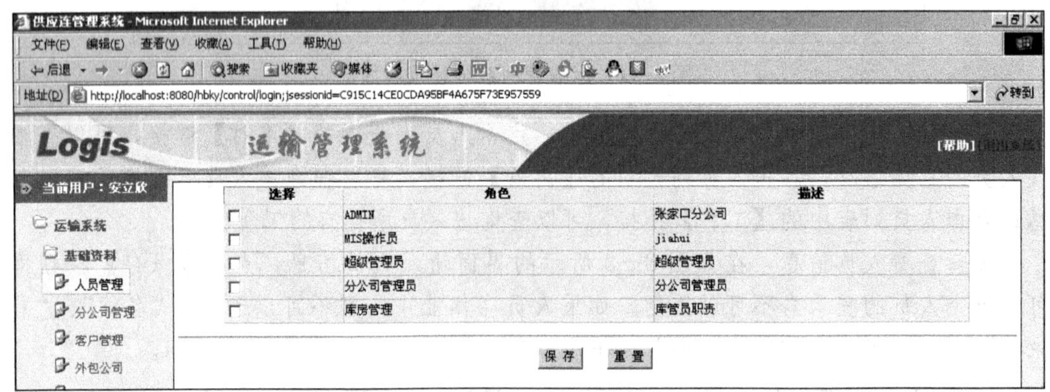

图 3—4　编辑查看人员角色信息的界面

2. 分公司信息

点击分公司列表中的【名称】链接，可以查看该分公司的具体信息；点击【增加分公司】链接，可以增加新的分公司信息，如图 3—5 所示。输入分公司信息，点击【保存】按钮即可；点击【重置】按钮，则输入文本框的信息被清空。每个分公司的名称不允许重复，分公司“名称”和“省份”栏不能为空。

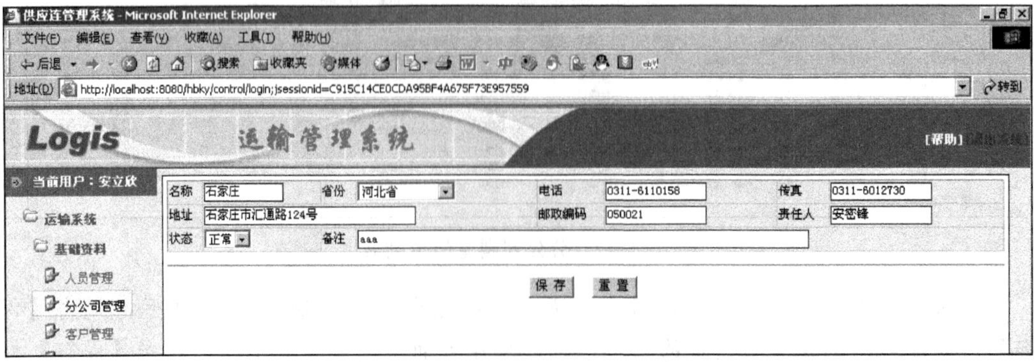

图 3—5　增加分公司信息的界面

3. 客户信息

选择分公司下拉列表可以查询其他分公司的客户信息。点击客户列表中的【客户名称】链接，可以查看该客户的具体信息，如图3—6所示。编辑客户信息，在界面中输入客户信息，点击【保存】按钮即可；点击【重置】按钮，则输入文本框的信息被清空。每个分公司下的客户名称不允许重复，每个分公司下客户的登录名也不允许重复。如果客户类型为目标客户，则客户的“名称”、“登录名”、“开发日期”、“月均发货量”栏不能为空。如果客户类型为固定客户，则客户“名称”、“登录名”、“开发日期”、“月均发货量”、“合同签约日期”、“合同期限”、“合同编号”、“签约人”栏不能为空。如果要把客户状态修改为删除，则该客户必须无未完成的业务或未结束的运费。

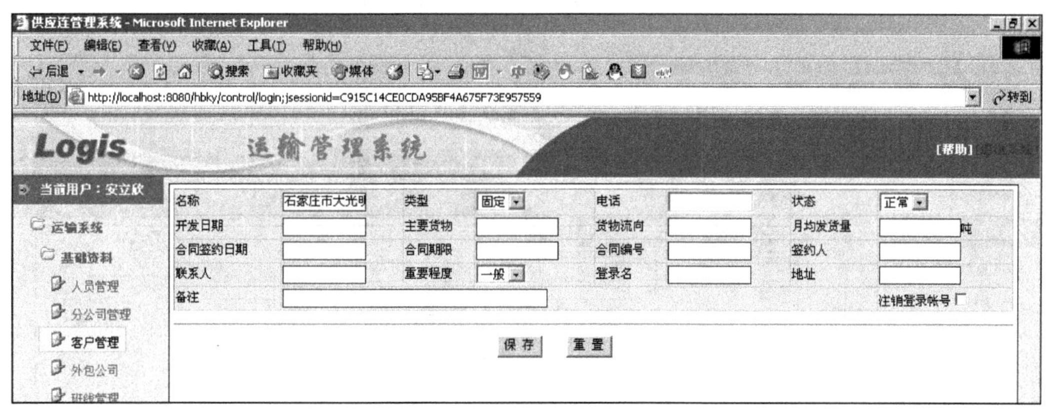

图3—6　编辑客户信息的界面

4. 外包公司信息

选择分公司下拉列表可以查询其他分公司的外包公司信息。点击外包公司列表中的【外包公司】链接，可以查看该外包公司的具体信息；点击外包公司列表中的【车辆信息】链接，可以查询该外包公司下的车辆列表信息，选中的外包公司以灰底色标出；点击车辆列表中的【车牌号】链接，可以查看该车辆的具体信息。

编辑外包公司信息，在界面中输入外包公司的相关信息，点击【保存】按钮即可；点击【重置】按钮，则输入文本框的信息被清空，如图3—7所示。每个分公司下外包公司的名称不允许重复。如果要把外包公司的状态修改为删除，则必须不存在与该外包公司正在执行的业务，外包公司的“名称”和“类型”栏不能为空。

5. 班线信息

(1) 界面说明：点击班线列表中的【名称】链接，可以查看基本的班线信息；点击班线列表中的【查看】链接，可以显示班线停靠与停运信息，选中的班线以灰底色标出。点击科室列表的【停靠】链接，可以编辑查看该班线下的中途停靠信息；点击科室列表中的【停运】链接，可以编辑查看该班线下的计划停运信息。如果有班线管理权限，则点击【增加班线】链接进入定义新的班线基本信息的界面，如图3—8所示。

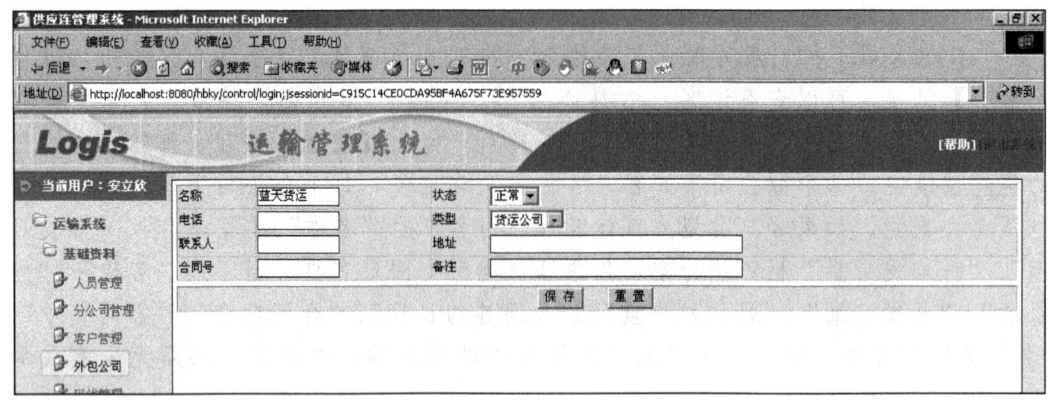

图 3—7 编辑分公司信息的界面

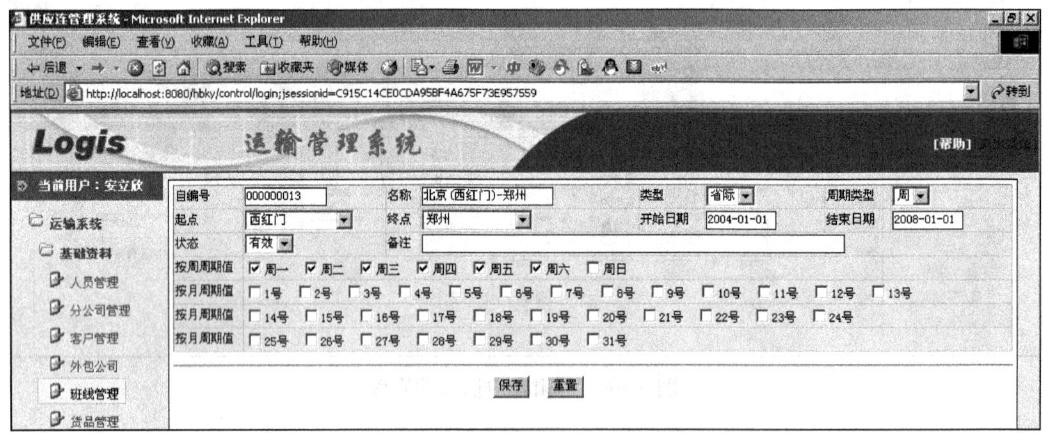

图 3—8 定义新的班线基本信息的界面

(2) 增加班线。班线编号由系统自动流水生成，不能编辑。班线名称不可以重复，班线名称须使用有明确含义的文字来描述。起点不可以与终点相同，开始日期应早于结束日期。周期类型仅支持“周”，须选择周期值。

(3) 定义班线停靠信息。如图 3—9 所示。定义规则为：

1) 顺序号最小的记录，地点必须为班线起点城市，类型为起点，方向为去程，到达日期与到达时间无意义。

2) 顺序号最大的记录，地点必须为班线起点城市，类型为起点，方向为回程，离开日期与离开时间无意义。

3) 必须存在一条记录 A，顺序号居中，地点为班线终点，类型为终点，方向为终点。

4) A 记录以前的记录方向为去程，以后的记录方向为回程。

5) 地点不是班线起点和终点的记录类型为中途。

6) 依照顺序号的大小，离开日期、离开时间、到达日期、到达时间要依次增大。

7) 不要随意增加、删除和修改停靠信息，停靠信息必须相对稳定，如果有较大的调整，请新增班线。

8）顺序号用10、20、30、40表示，不可以重复。

9）停靠信息保存后，按照顺序号排序，修改时重新使用10、20、30、40来修改顺序号。

（4）班线停运信息。流水号自动生成，不能编辑。结束日期应大于开始日期。如果要删除某停运信息，请选择对应记录左面的选择框，保存后该数据即被删除。如果要增加停运信息，请点【增加】按钮。

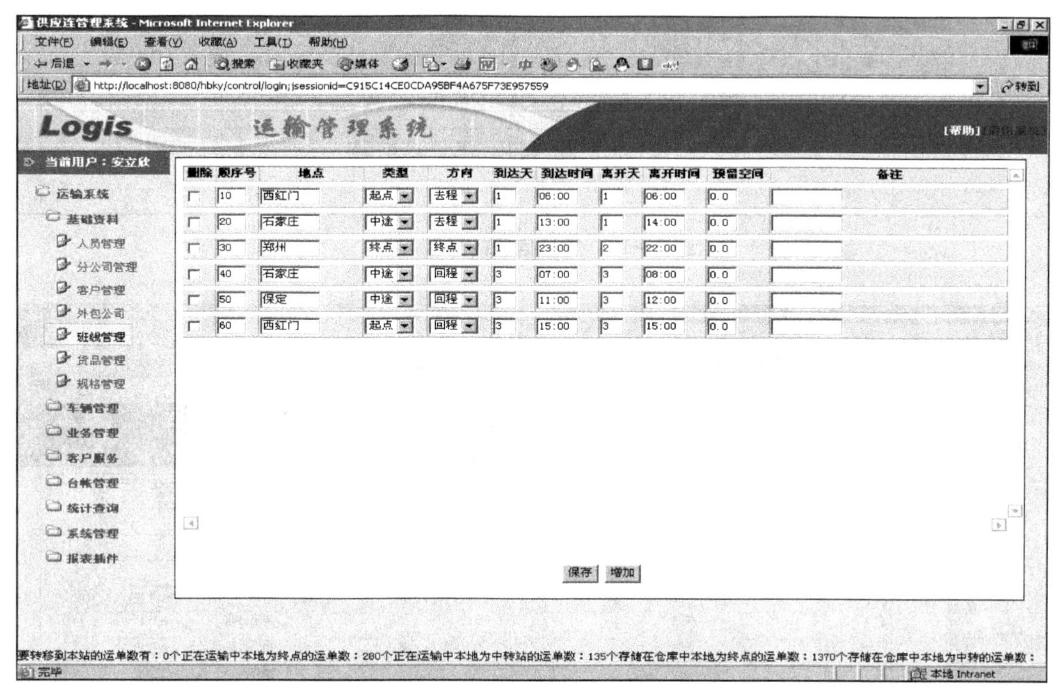

图3—9 定义班线停靠信息的界面

6. 货品信息

货品信息查询：本系统可以用来查询系统内已经定义的货品，可以根据名称与类型查询货品，并可以重新指定货品所属类型。如果查询类型条件为“未指定”，则可以查询出所有未曾指定类型的货品。可以通过前翻页、后翻页，查看查询到的所有货品，修改完货品类型后，请按【保存】按钮，提交给后台系统保存所做的修改。如图3—10所示。

（三）车辆信息

1. 车辆基本信息

编辑查看车辆基本信息：在界面中输入相应的车辆信息，点击【保存】按钮即可；点击【重置】按钮，则输入文本框内的信息被清空。

每个分公司下的车辆自编号不允许重复，每个分公司下的车牌号也不允许重复。如果要把车辆状态修改为删除，若存在调用该车辆且下达的路单，则该车辆不可以删除。“自编号”、“车牌号”、“吨位”、“容积”、“购入日期”、“启用日期”、“出厂日期”栏不能为空。如图3—11所示。

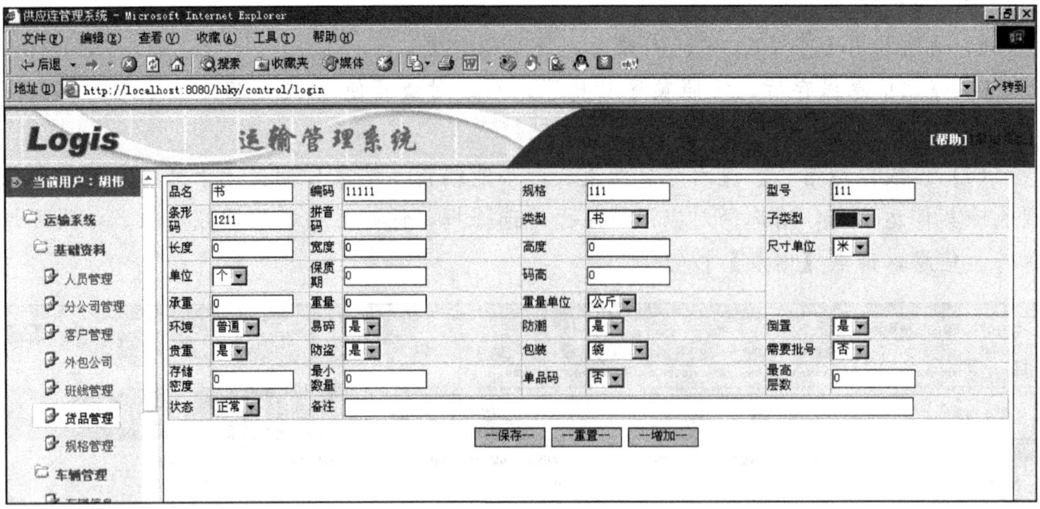

图 3—10 货品信息的编辑界面

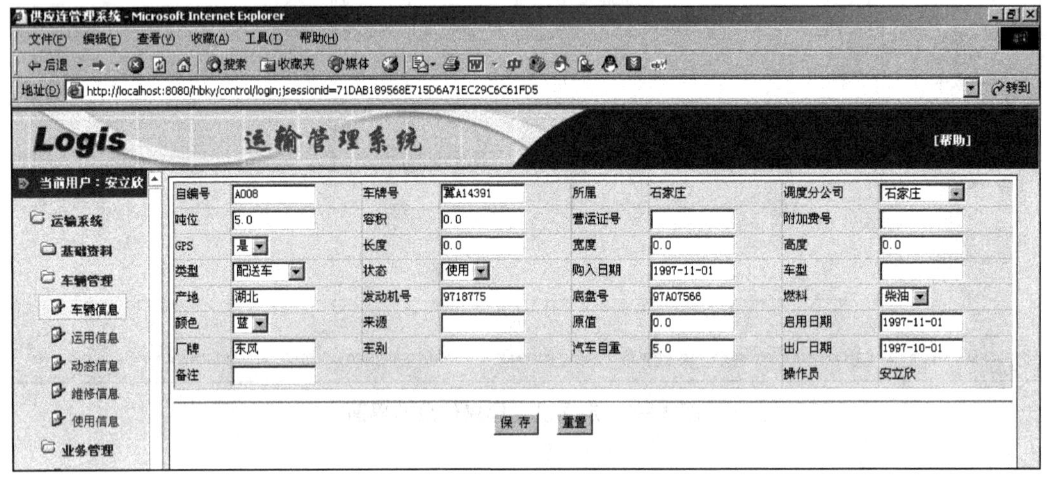

图 3—11 编辑查看车辆基本信息的界面

2. 车辆运用信息

选择分公司下拉列表可以查询其他分公司的车辆运用信息；输入开始日期和结束日期可以查询该段时间内的车辆运用信息；点击车辆运用列表中的【编码】链接，可以查看该车辆运用的具体信息；点击【下载】可以查看并下载车辆运用报表。

编辑查看车辆运用信息：如图 3—12 所示，在界面中输入车辆运用信息，点击【保存】按钮即可；点击【重置】按钮，则输入文本框内的信息被清空。“日期”、“总车日”、“修车日”、“事故日”、“完好日”、“工作日”栏不能为空。若要删除车辆运用信息，选择删除，点击【保存】按钮即可。“编号”、“完好率”、“工作率”栏会自动生成数据。

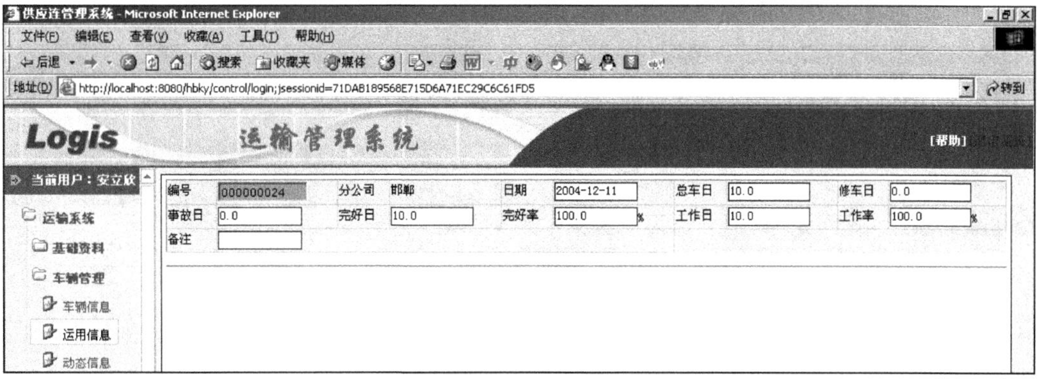

图 3—12　编辑查看车辆运用信息的界面

3. 车辆动态信息

选择分公司下拉列表可以查询其他分公司的车辆动态信息；输入开始日期和结束日期可以查询该段时间内的车辆动态信息；点击车辆运用列表中的【编码】链接，可以查看该车辆动态的具体信息。

编辑查看车辆动态信息：在如图 3—13 所示的界面输入车辆动态信息，点击【保存】按钮即可；点击【重置】按钮，则输入文本框的信息被清空。“日期”、“总车数”、“调入车数”、“调出车数”、“报停封存车数”栏不能为空。若要删除车辆动态信息，选择删除，点击【保存】按钮即可。

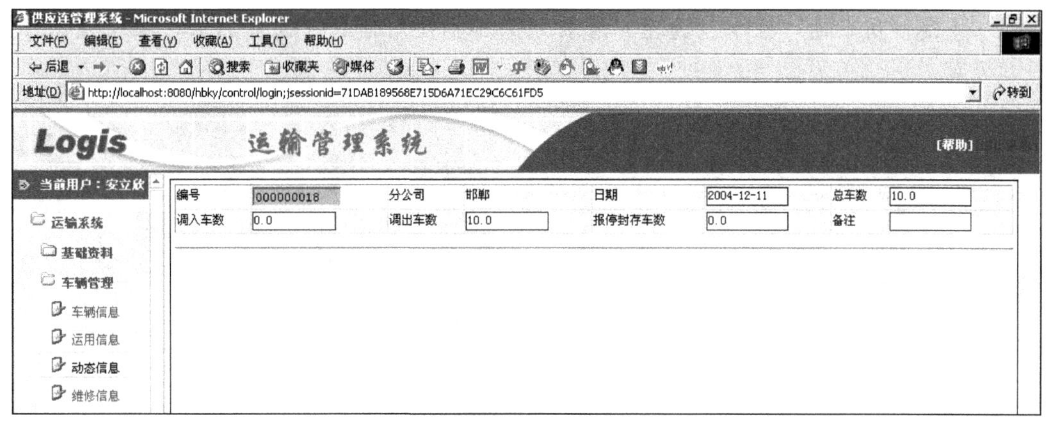

图 3—13　编辑查看车辆动态信息的界面

4. 车辆维护信息

选择分公司下拉列表可以查询其他分公司的车辆维护信息；输入开始日期和结束日期可以查询维修日期在该段时间内的车辆维护信息；点击车辆维护列表中的【编码】链接，可以查看该车辆维护的具体信息。

编辑查看车辆维护信息：在如图 3—14 所示的界面输入车辆维护信息，点击【保存】按钮即可；点击【重置】按钮，则输入文本框的信息被清空。“日期”、“车牌号”、“维修编号”、“维修类型”、“负责人”、“金额”栏不能为空。若要删除车辆维护信息，选择删除，点击【保存】按钮即可。

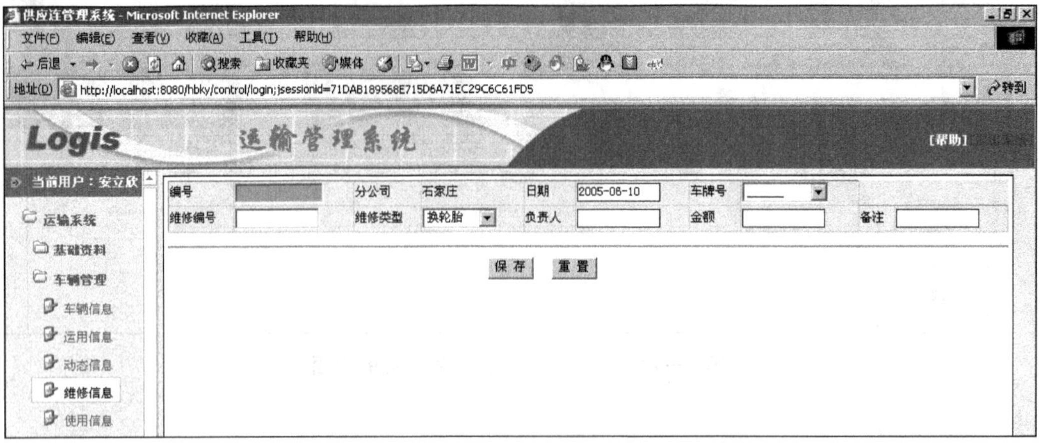

图 3—14 编辑查看车辆维修信息的界面

5. 车辆使用信息

选择分公司下拉列表可以查询其他分公司的车辆使用信息；输入开始日期和结束日期可以查询封存日期在该段时间内的车辆使用信息；点击车辆使用列表中的【编码】链接，可以查看该车辆使用的具体信息。

编辑查看车辆使用信息：在如图 3—15 所示的界面输入车辆使用信息，点击【保存】按钮即可；点击【重置】按钮，则输入文本框的信息被清空。“车牌号”、“封存日期”、“恢复使用日期”栏不能为空。若要删除车辆使用信息，选择删除，点击【保存】按钮即可。

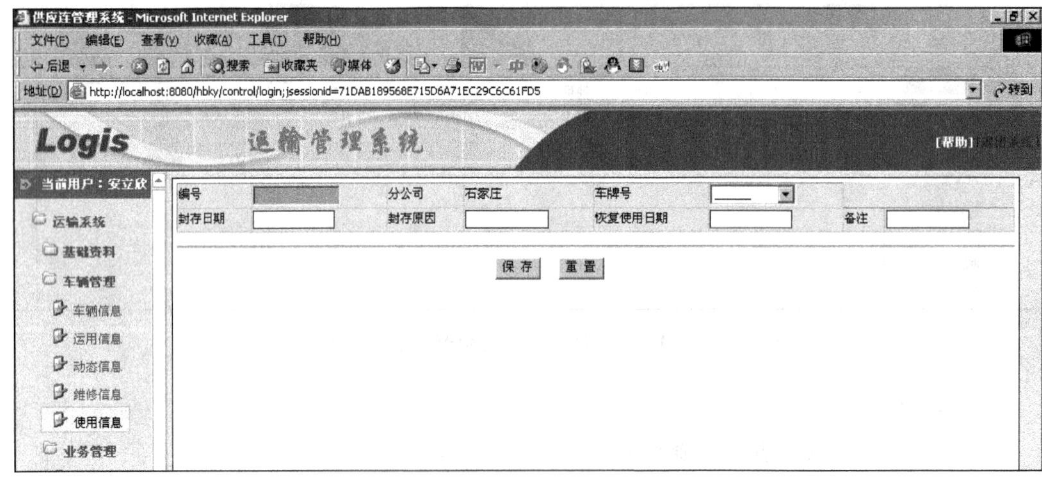

图 3—15 编辑查看车辆使用信息的界面

四、项目操作的考核

(1) 能够准确地对各种运输资源进行分类和录入。

(2) 能够进行完整的信息查询和修改操作。

五、注意事项

（1）初次登录，请以管理员身份进入系统，用户名为 admin，密码为 1。

（2）如果授予人员超级管理员权限，就可以分配超级管理员角色。

（3）如果未授予人员超级管理员权限，则不可以分配超级管理员角色，只能分配一般人员的角色。

（4）人员可以有一个或同时有多个工种。

（5）司机人员必须定义对应的司机工种，否则无法找到合适的司机。

（6）若要把分公司状态修改为删除，则该分公司下所有科室的状态必须为删除。

（7）如果有客户管理权限，则可以增加和编辑本分公司的客户信息，其他分公司的客户信息只能查看；如果只有客户浏览权限，则只可以查询客户信息，不能增加和编辑。

（8）如果有车辆动态管理权限，则可以增加和编辑本分公司的车辆动态信息，其他分公司的车辆动态信息只能查看；如果只有车辆动态浏览权限，则只可以查询车辆动态信息，不能增加和编辑。

（9）如果有车辆维护管理权限，则可以增加和编辑本分公司的车辆维护信息，其他分公司的车辆维护信息只能查看；如果只有车辆维护浏览权限，则只可以查询车辆维护信息，不能增加和编辑。

（10）如果有车辆使用管理权限，则可以增加和编辑本分公司的车辆使用信息，其他分公司的车辆使用信息只能查看；如果只有车辆使用浏览权限，则只可以查询车辆使用信息，不能增加和编辑。

任务 2
运输组织合理化

运输是物流的重要组成部分，随着小批量、多批次等现代物流理念的不断深入，运输在物流系统中所占的比重在不断加大，可以说运输合理化是物流合理化的前提。但是在现实中，运输不合理的现象普遍存在，据统计，我国的空载率超过 48%。因此，对运输不合理的原因的深入分析，以及对运输合理化的措施的理解，有助于为今后从事物流运输行业打下坚实的基础。

一、任务描述

本实训任务重在让学生熟悉常见的不合理运输的类型，分析产生运输不合理现象的原因，掌握进行合理化运输的措施。要求学生采取调研、资料查找等方式收集日常生活中不合理运输的例子，分析造成运输不合理现象的主要原因，并针对这些原因采取相应的运输合理化措施，以达到对运输合理化的理解和掌握。

二、实训目标

（1）熟悉各种运输不合理现象；

（2）正确理解造成运输不合理现象的原因；

（3）能够针对具体的运输不合理案例采取相应的运输合理化措施。

三、实训任务

将学生分为若干组，各组选出一个负责人，由负责人组织小组成员讨论并确定组内分工，通过分工合作完成小组任务，最后提交运输组织合理化实训报告。具体任务和操作步骤如表3—3所示。

表3—3 运输组织合理化实施与操作表

操作 作业内容	小组任务	操作指导
运输不合理现象	收集不合理运输的例子	通过互联网、图书资料查询等方式收集不合理运输的例子，加深对不合理运输现象的理解
产生运输不合理现象的原因	分析案例中不合理运输现象的产生原因	研究讨论各案例中造成不合理运输现象的主要原因，加深对这些原因的理解
运输合理化措施	提出相应的运输合理化措施	针对案例中造成运输不合理现象的主要原因，根据课堂所学的运输合理化措施，对案例中的运输方案进行合理化改进

四、工作准备

（1）划分小组，各小组进行组员分工，明确各组员的职责；

（2）制定项目的实施方案，制订工作进度安排计划；

（3）收集图书资料，进行互联网查询；

（4）复习运输合理化的相关知识。

五、考核评价

采用形成式评价与过程考核、小组成果与个人成果相结合的方式，把基础理论知识、实践动手技能、教学参与度结合起来进行考核，考核主要通过活动过程、工作成果、个人表现及总结三个方面进行体现。其中，过程考核主要考查学生的工作态度、效率、规范性、安全性等，占 30 分，以小组考核为主；成果考核主要考查学生的学习质量，以小组成果为主，占 50 分，以教师考核为主；个人部分主要考查学生的个人能力，占 20 分。完成任务后，各小组组长负责填写运输组织合理化实训工作测评表，如表 3—4 所示。

表 3—4　　运输组织合理化实训工作测评表

组别/姓名			班级	
测评地点			日期	
项目名称	运输管理业务实训			
任务名称	运输组织合理化			
测评项目	评价标准	分值	本组评分	教师评价
过程评分（30 分）	参与调研工作的积极性	10		
	小组内合理分工与合作	10		
	收集案例的数量	10		
成果评分（50 分）	案例的针对性	15		
	不合理原因分析的正确性	15		
	合理化措施的针对性	20		
个人总结（20 分）				

六、实训指导

任务的实施与操作会涉及相关的理论知识，需要查找相关的资料，对这些资料的学习和对相关作业环节与具体内容的了解，有助于实训任务的顺利完成和活动成果的总结。收集或者设计一个不合理运输的案例，分析造成不合理运输现象的原因，针对原因提出相应的改进措施。下面以“内蒙古土豆‘进京’绕道山东”的案例供大家参考。

内蒙古土豆“进京”绕道山东

一、案例背景

为了能够快速卖掉商品，目前很多商品都是先运往集散中心，然后再进行分拨，这种模式在农副产品的流通过程中尤为典型。比如，国内主要的土豆产区内蒙古乌兰察布市距北京不到 400 千米，但这里的大批土豆要“进京”，先得运到 800 千米外的山东寿光市，然后“旅行”约 500 千米“进京”。

二、不合理运输的原因

影响运输合理化的因素有：

（1）运输距离。运输时间、货损、运费、车辆周转等技术经济指标，都与运输距离有一定的比例关系，运输距离的长短是运输是否合理的一个最基本因素，缩短运输距离有利于改善经济指标。

（2）运输环节。每增加一次运输，不但会增加起运的运费和总运费，而且必然会增加运输的附属活动，如装卸、包装等，各项技术经济指标也会因此下降。因此，减少运输环节能促进合理运输。

（3）运输车辆。对运输车辆进行优化选择，按运输车辆的特点进行装卸运输作业，发挥所用运输车辆的最大作用，是合理运输的重要一环。

（4）运输时间。运输时间的缩短有利于运输车辆的快速周转，能充分发挥运力的作用，同时有利于资金的周转，也有利于运输线路通过能力的提高。

（5）运输费用。运输费用是考核合理运输的一个重要指标。在同等条件下，运输费用低，运达速度快，有利于赢得市场竞争。

不合理运输是指未达到在现有的条件下可以达到的运输水平，从而造成了运力浪费、运输时间增加、运费超支等问题的运输形式。目前，我国普遍存在以下几种不合理运输的方式：1）返程或起程空驶；2）对流运输；3）迂回运输；4）重复运输；5）倒流运输；6）过远运输；7）运力选择不当；8）托运方式选择不当。

本案例属于典型的不合理运输方式中的迂回运输。现实中，因为产销脱节、供需不一致，在设计商业模式时，往往以运输不合理为代价。

三、运输合理化的措施

运输合理化的措施包括：

（1）合理地选择运输方式。各种运输方式都有各自的适用范围和不同的技术经济特征，选择时应进行比较和综合分析。首先要考虑运输成本的高低和运行速度的快慢，此外还应考虑商品的性质、数量的多少、运输距离的远近、货主需要的缓急及风险的大小。

（2）合理地选择运输工具。根据不同商品的性质、数量，选择不同类型、额定吨位及对温度、湿度等有要求的车辆。

（3）正确地选择运输路线。运输路线的选择，一般应尽量安排直达、快速运输，应尽可能缩短运输时间，否则可安排沿路或循环运输，以提高车辆的容积利用率和车辆的里程利用率，从而达到节省运输费用、节约运力的目的。

（4）提高货物包装质量并改进配送过程中的包装方法。货物运输线路的长短、装卸操作次数的多少都会影响到商品的完好程度，所以应合理地选择包装物料，以提高包装质量。此外，有些商品的运输线路较短且要求采取特殊放置方法（如烫好的衣服应垂挂），则应改变相应的包装。货物包装的改进，对减少货物损耗、降低运费支出、降低商品成本有明显的效果。

（5）提高车辆的装载技术。具体包括两个方面：一方面，可采取零担货物拼整车发运的办法减少运输费用，节约运力。主要有零担货物拼整车直达运输、零担货物拼整车接力直达或中转分运、整车分卸、整装零担四种具体做法。另一方面，最大限度地利用车船承载吨位，充分使用车船装载容积，以提高装载量，充分利用运力。

对于本案例中的运输不合理现象可以采取如下的合理化参考措施：

其一，加强对北京土豆需求的测算，将发往北京的土豆与发往全国各地的土豆进行分流。

其二，可根据北京土豆的销量情况和北京的农产品物流中心的节点及批发情况，对发往北京的土豆选择合适吨位的汽车运输。

其三，土豆是易于储存且运输刚性的农产品，因此可以考虑在北京农产品物流中心租赁仓库以减少运输环节。

其四，土豆是按重量计费的货物，对运输要求不高，因此可以采用普通半挂车运输，但需注意防潮和避免雨淋。

任务 3 货物运输的组织

货物运输的组织是完成货物运输任务的重要环节，涉及运输方式选择、运输工具配置、运输路线设计、途中控制策略、运输成本预算等内容。本任务针对货物运输的组织方法和技能进行实训。

一、任务描述

本实训任务重在让学生了解我国主要的交通运输网络，熟悉货物运输组织的流程，能根据某项运输任务，并结合货物运输要求及运输市场状况，制定科学、合理的运输方案，从而达到提高运输方式选择、运输工具配置、运输路线设计、途中控制策略、运输成本预算等能力的目的。

二、实训目标

（1）熟悉货物运输组织的流程；

（2）编制车辆调度与作业计划；

（3）设计货物运输方案。

三、实训任务

将学生分为若干组，各组选出一个负责人，由负责人组织小组成员讨论并确定组内分工，通过分工合作完成小组任务，最后提交货物运输方案和作业计划。具体任务和操作步骤如表 3—5 所示。

表 3—5　货物运输的组织实施与操作表

操作 作业内容	小组任务	操作指导
编制车辆调度与作业计划	掌握调度方法，设计车辆调度计划，做好沿线组织工作，对照企业实际调度的资料，检查车辆调度结果	讲授调度的基本方法，提供案例资料，明确车辆调度工作的内容、机构及工作职责、作业计划的调整、车辆调度的基本方法
普通货物运输方案	了解和掌握货物管理知识、货物运输组织知识、车辆知识和运输环境知识，根据具体条件规划和设计运输方案	让学生了解一般的货物运输方式有哪些，它们的特点各是什么。教师讲解运输的种类、特点和适用场合，利用案例启发学生思考对各种不同运输方式的选用。教师设计任务单并发给学生，布置工作任务，启发学生思考问题，提供相关的资讯和资料
特种货物运输方案	掌握特种货物与普通货物的区分方法，熟悉特种货物主要的货种、性质、运输装卸、保管知识以及特种运输方案的设计流程，根据货物的特点和要求，设计危险货物、大件货物等特种货物的运输方案	利用多媒体、交通图、特种车辆图片、特种运输影像资料介绍超限运输知识，以及特种货物的货流、运输工具、运输线路和运输要求。根据货物的特点和要求，合理设计教学情境，让学生熟悉特种货物的运输流程，并能设计特种货物的运输方案

四、工作准备

（1）划分小组，各小组进行组员分工，明确各组员的职责；

（2）制定项目的实施方案，制订工作进度安排计划；

（3）对运输资源和条件进行调研；

（4）配套比较完备的教学资料，包括学生学习手册、企业资料、多媒体教学设备、课件和视频教学资料；

（5）拥有理实一体化专业教室。

五、考核评价

采用形成式评价与过程考核、小组成果与个人成果相结合的方式，把基础理论知识、实践动手技能、教学参与度结合起来进行考核，考核主要通过活动过程、工作成果、个人表现及总结三个方面进行体现。其中，过程考核主要考查学生的工作态度、效率、规范性、安全性等，占30分，以小组考核为主；成果考核主要考查学生的学习质量，以小组成果为主，占50分，以教师考核为主；个人部分主要考查学生的个人能力，占20分。完成任务后，各小组组长负责填写货物运输的组织实训工作测评表，如表3—6所示。

表3—6　　货物运输的组织实训工作测评表

组别/姓名			班级	
测评地点			日期	
项目名称	运输管理业务实训			
任务名称	货物运输的组织			
测评项目	评价标准	分值	本组评分	教师评价
过程评分（30分）	参与调研工作的积极性	10		
	小组内合理分工与合作	10		
	工作计划明确、合理	10		
成果评分（50分）	计划编制的流程是否合理	15		
	计划是否符合案例中企业的特点	15		
	计划之间的衔接是否紧密	10		
	计划书编制的规范性和正确性	10		
个人总结（20分）				

六、实训指导

任务的实施与操作会涉及相关的理论知识，需要查找相关的资料，对这些资料的学习，对相关作业环节与具体内容的了解，有助于实训任务的顺利完成和活动成果的总结。教师通过视频、课件讲解公路运输的种类、特点和适用场合，利用案例启发学生思考对各种不同运输方式的选用。教师将以工作任务为载体制作的任务单发给学生并布置工作任务，学生根据运输任务，结合货物运输要求及运输市场状况，制定科学、合理的运输设计方案。下面通过对大型挖掘机运输的组织管理方案的设计，来加深学生对长笨重货物的运输组织管理以及公路其他货物运输组织管理的理解。

大型挖掘机运输管理

一、背景资料

海鹰交通工程有限公司有一件敞开式硬岩掘进机从杭州运往郑州，该挖掘机型号为M1669，刀盘直径为4.03m，设备总长为190.5m，总质量约为950t，包括主机和后配套系统，经拆解包装后所有货物共计70件，其中：超重件1件，为主梁后支撑，约为70t（尺寸为10.7m×2.7m×2.8m）；严重超宽件1件，刀盘约为35t，直径为4.03m；超宽件（后配套台车）9件（重量为10t～20t，尺寸为3.6m～3.8m）。请制定该批货物的运输组织方案，包括货物吊装和捆扎方案。

二、货物的承、托运办理

案例中的货物为典型的长笨重货物，尤其是其中的超重和超宽的部件。大件的运输过程较一般货物的运输过程更为复杂：一方面，由于货物的体积较大或者重量超标增加了运输设备的负担；另一方面，对于路线的选择要求也非常高。例如：有些地方特别是偏远地区，道路条件有时不能满足要求；有些桥梁高度受限，导致一些大件无法穿行等。因此，在运输大件前要根据大件的情况设计出合理可靠的运输方案。大件运输方案的设计要考虑到货物的基本情况，根据客户需求制定运输目标，要考虑到大件运输所需的设备和合理的线路，然后综合以上情况设计出全面的保障措施和设计方案，从而保证大件的顺利运输。承运方需要根据自身的条件，在承接业务前进行审慎考虑，可以从可行性、经济性、安全性等方面作出是否承运的决定。

根据背景资料，从杭州至郑州，大件货物运输只能选择公路和铁路运输，考虑到换装成本较高，且存在超宽件，建议采用公路运输的方式。

三、进行车辆调度、运输报备、吊装捆扎方案设计

运输长笨重货物时不但对车辆有具体的要求，而且在运输过程中存在对运输条件和其他运输参与者的影响，因此需要向相关部门报备，相关部门将会根据所运输货物的情况作出是否需要进行相关路段的临时交通管制、陪同运输等措施。

设计吊装捆扎方案时既要注意牢固安全，也要注意对车辆可能造成的损坏。本案例中，主梁后支撑和刀盘为典型的超重件且受力不均匀，因此需要进行衬垫，以使受力均匀且易于绑扎。其他超宽件需注意绑扎的牢固性及对视线的影响情况。

在司机人员及押运员的选派上，应选择身体健康、经验丰富、精神良好的司机，以确保运输安全。

四、运行安全控制

（1）交通管制。设备在运输过程中必须进行交通管制，分段封闭道路，全程进行监控。

（2）运行时间。考虑设备运输是否必须在白天进行。

（3）运行速度。正常运输速度必须控制在5km/h，道路不平整的路段速度必须控制在2km/h以下，通过障碍的速度控制在3km/h以下。

（4）车辆启动前的检查。车辆启动前必须对平板车和加固情况作详细的检查，杜绝隐患，并做好记录。有问题必须在启动前排除。

（5）运行过程中的检查。

1）横坡检查：通过横坡大于3%的道路，必须进行平板车的横坡校正，确保设备处于相对水平的状态。

2）纵坡检查：通过较大的纵坡时，对平板车进行纵坡校正，确保设备处于相对水平的状态。

（6）车辆停放。运输过程中，夜间停放或中途停车必须选择道路坚实平整、路面宽阔、视线良好的地段停放，设置警戒线、警示标志，并派人看守；停放时间较长时，需

要在平板车主梁下部支垫道木，降低平板车高度，主梁落在道木上，检查平板车压力表，将压力降低。将平板车停放妥当后，检查设备捆绑情况和车辆轮胎等，及时排除隐患；沿途路段实行封闭或半封闭通行；停车时，做好安全隔离措施，提醒其他车辆注意绕行。

五、运输保障控制

对准备运输的设备需进行适当的保管和包装，以防损伤。对运输的控制应该分以下步骤进行：

(1) 装载前，必须对要运输的大件设备进行核对验收。

(2) 有效地执行捆扎和加固方案，到货后立即执行接收条款。

(3) 正确选用运输工具，对运输工具进行维护。

(4) 正确选取运输路线，在运输前再次对路线进行勘查，确保运输条件与实际情况相符。

(5) 明确人员的职责，对相关人员进行有关细则的内容、作用、使用方法的宣传教育。

六、技术安全措施

采取项目经理负责制；对参加该项目的施工人员就质量、安全和施工的技术要求进行培训，对运输人员进行技术交底；在作业过程中按照国家劳动防护法规的相关要求为施工人员配备必要的安全防护设施；针对项目进行科学、合理的风险评估，确定实际需要的运输设备工具；在装、卸作业时，项目部派遣专业技术人员会同业主有关人员在港口负责监装、监卸等工作；在接货时，严格检查，如有残损，及时将残损情况通知客户，按照客户的意见处理，并做好相应的交接记录；运行前必须检查大件设备的装载与捆扎情况；做好超限运输标志；在装卸过程中，严格执行配载方案；在运输途中，定时检查大件设备的绑扎加固情况是否完好，如有不安全的隐患及时采取措施排除，以确保大件设备、运输工具的安全；运输前必须对运输车辆、封刹工具进行严格检查；严格按照安全质量操作规程和实施方案作业；夜间作业时，为施工人员配置反光背心，最大限度地确保施工人员以及设备的安全；安全质量监控人员全程跟踪，作好安全记录。

七、应急预案及处理

(1) 组织保障。项目部下设专门的应急支持小组，建立内部和外部沟通机制。项目经理亲自指导、指挥应急支持小组的日常工作，直接听取应急支持小组的各种报告。在特定的紧急状况下将召集会议，组织临时机构或者亲赴现场处理，直至紧急状况解除。各分组组长负责其职责范围内应急预案措施的组织、落实、实施。

(2) 基本应急措施。针对典型的影响业务正常运行的潜在风险因素，项目部将致力于通过采取策划、分析和提高作业水平等措施予以防控。由于第三方责任、不可控因素等导致紧急情况发生，将按照预先制定的应急预案，采取“即时报告、维护现场、请求支援、替换替代、调整计划”等措施，在客户的确认或授权下处置，必要时，项目部将临时改变分工模式，由项目经理亲自调配资源，消除或减轻紧急情况给客户带来的不利影响。项目部还将通过培训并制作便于携带的应急预案印刷品等方法，确保每一位具体从事现场操作的工作人员熟悉本应急预案的内容，进而在紧急情况发生时，采取最为恰当的措施。

（3）应急预案。

1）天气突变应急预案。在运输作业期间遇天气突变，如降雨、降雪等情况，及时对货物进行遮盖并对车辆采取防滑措施，保证货物安全运抵指定地点。

2）车辆故障应急预案。在运输前，通知备用车辆及维修人员待命。如运输车辆在途中出现故障，立即安排技术维修人员进行维修。如确定无法维修，及时调用备用车辆，采取紧急运输措施，保证将货物在最短时间内运抵指定地点。

3）道路紧急施工应急预案。对项目部大件设备运输经过的陆路路线进行反复勘察，并在设备起运的前一天再次确认道路状况，掌握运输路线的详细资料。尽管如此，仍难以完全避免因道路紧急开挖施工而导致的通行受阻情况。遇到此类情况，现场经理应及时采取补救措施；如难度较大，项目经理将亲赴现场，协调内外部资源，及时提出运输路线整改方案，在施工部门的配合下在最短的时间内完成对施工道路的整改，确保设备运输的顺利通行。

4）道路堵塞应急预案。在设备运输过程中遇到交通堵塞情况时，服从当地交通主管部门的协调指挥，加强交通管制。如遇集市或重大集会，应建议改变运输计划，或者寻求新的通行路线，以保证顺利通过。

5）交通事故应急预案。在运输车辆发生交通事故时，现场人员及时保护事故现场，并上报项目经理、业主及保险公司，说明情况，积极协助交警主管部门进行案件处理，必要时，协助交警主管部门在做好记录的前提下“先放行、后处理”。

6）加固松动应急预案。运输过程中，在因客观原因而导致捆扎松动的情况下，由随从的质量监控人员及专家认真分析松动的原因，重新制定切实可行的加固方案，对大件设备进行重新加固。

7）货损、货差应急预案。如货物在卸船及码头现场装车和交接过程中出现货损、货差，应协助客户取得商检、保险公司的相关证明，以确保客户的利益。

8）机械故障应急预案。在工地现场装、卸货时，如果作业机械或工具出现故障，应立即组织维修人员抢修；如果不具备维修条件或者无法维修，则应调用备用机械或工具，恢复正常作业。

9）不可抗力应急预案。在运输过程中有不可抗力的情况发生时，应先将运输设备置于相对安全的地带，妥善保管，利用一切可以利用的条件将事件及动态通知客户，并按照客户的授权开展工作。如果不具备基本的通信条件，则做好相关记录和设备的保管工作，直到与客户取得联系或者不可抗力解除。不可抗力的影响消除后，如果具备继续承运的条件，项目部将在确保设备以及运输人员安全的前提下，继续实施运输计划。

任务 4
货物运输企业调研实训

货物运输企业调研就是对企业所处的内外环境和运行模式进行了解。通过对运输企业的实际调研和参与运输管理活动，学生一方面可以把在学校所学的知识运用到实践中，另一方面可以在运输企业学习新知识，认识自己的不足之处，明确今后的学习目标。本任务针对增强学生的企业调研能力和实践技能进行实训。

一、任务描述

通过到运输企业进行综合调研实训，学生可以分组到运输企业各业务部门实地观看现场操作，并在企业各部门相关业务操作员的指导下进行实战操作训练，有助于学生综合运用所学的知识，从而提高动手能力和企业实战本领，做到学校与企业的无缝对接。

二、实训目标

（1）熟悉货物运输工作的组织程序、作业范围、作业内容、作业要求和操作程序；

（2）熟悉货物运输工作组织中各部门的职责；

（3）巩固所学的理论知识，增强感性认识，增强实际操作能力；

（4）能够正确撰写调研报告。

三、实训任务

将学生分为若干组，各组选出一个负责人，由负责人组织小组成员讨论并确定组内分工，通过分工合作完成小组任务。最后提交调研或实训计划，并根据任务完成情况撰写调研报告或实训报告。具体任务和操作步骤如表 3—7 所示。

表 3—7　货物运输企业调研实训实施与操作表

作业内容 \ 操作	小组任务	操作指导
调研或实训计划的制订	整理原有材料，查阅相关文献，收集相关信息，根据工作任务和人员状况合理制订计划	通过查询互联网、图书资料等方式收集各种信息，明确实训目的，确立实训目标，选择合适的方法，分析小组成员的能力特点，做到合理分工

续前表

作业内容＼操作	小组任务	操作指导
实训计划的实施与总结	明确实训目的，确立实训目标，根据实训计划完成实训任务，并按正确格式撰写实训报告	熟悉运输企业的作业范围、作业内容、服务要求和操作程序，并进行实操训练。熟悉运输企业各部门的职责。熟悉业务受理、货物检验、货物包装、货物装卸、保管作业、中转作业、到货作业、客户提货作业等运输工作流程
调研计划的实施与总结	明确调研目的，确立调研目标，根据调研计划完成调研任务，并按正确格式撰写调研报告	（1）资料收集：整理原有材料，查阅相关文献，收集相关信息 （2）调查走访：问卷调查、追踪调查、走访 （3）撰写报告：整理资料并分析研究，在分析、思考、研究的基础上成文

四、工作准备

（1）划分小组，各小组进行组员分工，明确各组员的职责；

（2）制定项目的实施方案，制订工作进度安排计划；

（3）收集企业的背景资料，做好相关调研实训的准备工作等。

五、考核评价

采用形成式评价与过程考核、小组成果与个人成果相结合的方式，把基础理论知识、实践动手技能、教学参与度结合起来进行考核，考核主要通过活动过程、工作成果、个人表现及总结三个方面进行体现。其中，过程考核主要考查学生的工作态度、效率、规范性、安全性等，占30分，以小组考核为主；成果考核主要考查学生的学习质量，以小组成果为主，占50分，以教师考核为主；个人部分主要考查学生的个人能力，占20分。完成任务后，各小组组长负责填写货物运输企业调研实训工作测评表，如表3—8所示。

表3—8　　货物运输企业调研实训工作测评表

组别/姓名			班级	
测评地点			日期	
项目名称	运输管理业务实训			
任务名称	货物运输企业调研实训			
测评项目	评价标准	分值	本组评分	教师评价
过程评分（30分）	参与调研工作的积极性	10		
	小组内合理分工与合作	10		
	工作的方法与成效	10		
成果评分（50分）	计划设计的合理性	15		
	任务的完成情况	15		
	报告撰写的正确性	20		
个人总结（20分）				

六、实训指导

任务的实施与操作会涉及相关的理论知识，需要查找相关的资料，对这些资料进行学习，对相关作业环节与具体内容进行了解，根据工作任务和人员状况合理制订计划。合理设计任务，明确实训目的，确立实训目标，根据实训计划完成实训任务，并按正确格式撰写实训报告。下面的案例和补充资料供大家参考。

“多式联运管理”业务胜任力训练

【实训目的】

参加“多式联运管理”业务胜任力的实践训练。在了解和把握本实训所涉及之“能力领域”相关技能点的“规范与标准”的基础上，通过切实体验“多式联运管理”各实训任务的完成、系列技能操作的实施、多式联运业务货运组织流程的设计以及实训报告的撰写等有质量、有效率的活动，培养学生“多式联运管理”的专业能力，强化信息处理、解决问题和革新创新等核心职业能力，并通过践行职业观念、职业态度和职业守则等职业道德素质，促进和健全职业人格的塑造。

【任务与能力领域】

技能Ⅰ：货物多式联运组织技能

规范与标准：

(1) 能根据多式联运流程，正确设计运输方案。

(2) 能根据货物情况，合理选择区段承运人和其他合作人。

(3) 能根据货物属性及流向，按照规范的格式写出多式联运组织的报告，并掌握一定的写作技巧。

技能Ⅱ：多式联运单证缮制技能

规范与标准：

(1) 能根据货物属性及流向确定多式联运单据的种类。

(2) 能根据托运人的货运要求进行多式联运提单或单据的模拟缮制。

(3) 能模拟缮制与多式联运相关的承运人、代理人、相关行业和机构签订的各类单证。

技能Ⅲ：法律法规的应用技能

规范与标准：

(1) 能根据货物运输方式和区段正确选择适用的法律、法规。

(2) 能根据合同适用的法律、法规解决运输过程中产生的纠纷。

技能Ⅳ：实训报告撰写技能

规范与标准：

(1) 能合理设计针对某公司某产品的多式联运组织流程，做到层次分明。

(2) 能较规范地缮制主要多式联运单证。

(3) 能依照规范撰写相应的多式联运组织实训报告书。

【实训要求】

(1) 学生应遵守实训单位的劳动纪律，服从安排，注意生产安全。

(2) 实训过程中，学生应按实训指导教师的要求，进行各项目的操作。

(3) 实训结束后，学生应进行总结，撰写实训报告。

【情境设计】

将学生分成若干实训组，分别选择一个从事多式联运业务的公司开展多式联运管理项目和实训课业题目。各实训组通过在所选企业参与工作和实训体验，完成本实训操练题的相关实训任务，在此基础上撰写"××公司多式联运组织实训报告"。

【知识准备】

(1) 地理知识。

(2) 各种运输方式的理论与实务知识。

(3) 与运输相关的法律、法规理论与实务知识。

【操作指导】

(1) 教师向学生阐明实训目的、任务与能力领域和知识准备等。

(2) 教师根据知识准备中的要求对学生进行培训。

(3) 教师指导学生就操练项目进行资料收集与整理。

(4) 教师指导学生进行操练项目。

(5) 教师指导学生撰写"××公司多式联运组织实训报告"。

【实训时间】

课堂教学内容结束后的双休日和课余时间，为期三周。

【实训步骤】

(1) 将学生分成若干个实训组，每8～10位同学分成一组，每组确定1～2位负责人，分别选择一个从事多式联运业务的公司就多式联运管理项目和实训课业题目进行实训。

(2) 结合实训项目，分配任务，指导学生研究相关问题，进行资料收集。

(3) 各实训组在实施上述专业训练的过程中，融入对解决问题、革新创新、自我学习等核心职业能力以及对职业观念、职业态度和职业守则等职业道德素质的相关训练。

(4) 各实训组对本次实训的相关资料和记录进行整理分析，分别就所选实训课业的题目之一，撰写"××公司多式联运组织实训报告"。

(5) 在班上交流、讨论各组的"××公司多式联运组织实训报告"。

(6) 根据交流、讨论结果，各组修订其"××公司多式联运组织实训报告"，并使之更加充实与规范。

【成果形式】

实训课业：

（1）××公司多式联运组织实训报告。

（2）各种填写完整的多式联运单证。

课业要求：

（1）将本次实训的相关资料和记录作为附件。

（2）初稿经小组讨论后，提交并进行班级交流。

（3）经过班级交流后由各组修改与完善。

（4）各组实训课业定稿后，在其标题下注明项目组长姓名和项目组成员姓名。

（5）将附有教师点评的优秀实训课业在班内展出，并纳入本校该课程的教学资源库。

补充资料

企业调研报告格式

1. 企业调研报告的主要内容

（1）调研概况。包括调研单位、调研时间、调研主题（可根据调研对象地位的重要性指出调研对象的姓名和职务）。

（2）调研的主体内容。

（3）调研的总结和体会。

2. 企业调研报告的具体格式

（1）封面。封面一般包含调研题目、调研成员和递交报告的时间。

（2）调研报告正文。本部分一般包含三个部分（调查概况、调查的主体内容、调研的总结和体会），应该以三个不同章节阐述以上内容。在每个章节中，应该注意将主题细化成小主题。如第一章“调研概况”中，应该分为调研背景和目的、调研前期准备工作（人员、分工、时间协调等）、调研企业状况概述等类似的三个小节，配以图片或数据并加以说明。正文是企业调研报告的核心部分，占主要篇幅，一般由标题、文字段落、图、表和公式五个部分构成。正文的撰写力求实事求是，准确完备，合乎逻辑，层次分明，简练可读。

3. 企业调研报告中的符号说明

在企业调研报告中，如果需要使用符号（包括缩写词等），则都应说明其含义、单位（量纲）。

4. 企业调研报告的参考文献

按正文中参考文献出现的先后顺序用阿拉伯数字在方括号内连续编号，同时，所列的参考文献都应在正文中出现过。

任务5
货物运输的案件处理

在运输过程中有时会产生运输纠纷，这是因一方或双方没有履行合同条款中规定的义务，造成了另一方的利益损失而引起的。具体的纠纷类型有货物灭失纠纷、货损货差纠纷、延迟交付纠纷、运输单证纠纷、运输费用纠纷、设备损坏纠纷等。解决合同纠纷的办法分三个层次：一是双方协商，二是行政仲裁，三是法院判决。合理而准确地处理纠纷是运输管理人员的重要职能，本任务针对学生应掌握的货物运输案件的处理方法和提高学生解决运输纠纷的技能进行实训。

一、任务描述

通过到运输企业进行综合调研，要求学生运用所学的“货物运输保险与货物运输合同”的理论与实务知识研究相关案例，以培养和提高其分析问题与解决问题的能力；通过让学生亲身体验各实训任务，以培养其处理货物运输案件的专业能力。

二、实训目标

（1）能根据货物运输和保险合同确定适用的法律、法规。

（2）能根据合同适用的法律、法规解决运输过程中产生的纠纷。

三、实训任务

将学生分为若干组，各组选出一个负责人，各实训组通过在所选企业参与工作或开展实训体验，选择一个具体的包括运输合同、保险合同和合同纠纷等内容的案例，进行分析研究，完成相关的实训任务，最后提交案件处理方案，具体任务和操作步骤如表3—9所示。

表3—9　货物运输案件的处理实施与操作表

操作 作业内容	小组任务	操作指导
法律、法规的正确应用	收集和整理运输合同纠纷案例，寻找适用的解决纠纷的法律、法规	通过调研和资料查询等方式收集运输案例，通过查询互联网、图书资料等方式收集各种与解决案件有关的法律、法规

续前表

操作 作业内容	小组任务	操作指导
运输案件的正确处理	根据运输案例的具体情况和相应的法律、法规，确定纠纷的解决方案	运用讨论、调研、资料查询等方法，研究案例的特点，参考相似案例的解决方法，确定所选案例的解决方案

四、工作准备

（1）合同法的相关知识。

（2）各种运输方式的理论与实务知识。

（3）与运输相关的法律、法规理论与实务知识。

五、考核评价

采用形成式评价与过程考核、小组成果与个人成果相结合的方式，把基础理论知识、实践动手技能、教学参与度结合起来进行考核，考核主要通过活动过程、工作成果、个人表现及总结三个方面进行体现。其中，过程考核主要考查学生的工作态度、效率、规范性、安全性等，占 30 分，以小组考核为主；成果考核主要考查学生的学习质量，以小组成果为主，占 50 分，以教师考核为主；个人部分主要考查学生的个人能力，占 20 分。完成任务后，各小组组长负责填写货物运输的案件处理实训工作测评表，如表 3—10 所示。

表 3—10　　货物运输的案件处理实训工作测评表

组别/姓名			班级	
测评地点			日期	
项目名称	运输管理业务实训			
任务名称	货物运输的案件处理			
测评项目	评价标准	分值	本组评分	教师评价
过程评分（30 分）	参与调研工作的积极性	10		
	小组内合理分工与合作	10		
	工作的方法与成效	10		
成果评分（50 分）	法律、法规应用的合理性	15		
	案件处理的正确性	15		
	报告撰写的规范性	20		
个人总结（20 分）				

六、实训指导

任务的实施与操作会涉及相关的理论知识，需要查找相关的资料，对这些资料进行学习，对相关案件的具体情况进行了解，根据工作任务和人员状况合理制订计划。合理设计任务，明确实训目的，确立实训目标，根据实训计划完成实训任务，并按正确的格式撰写案件处理报告。下面提供两个案例的分析报告，供大家参考。

【案例一】 “沙溪镇惨案”案例分析报告

(一) 背景与情境

江西省贵溪农药厂从上海某化工厂购入了2.4吨一甲胺，用于制造甲胺磷农药，由一辆移动式槽罐车从上海运往贵溪。汽车途经江西省上饶县沙溪镇时，已临近傍晚，因押运员是本地人，要把从上海买的数条香烟带给做生意的母亲，便与司机相约进镇休息，等到天亮再走。汽车在昏暗中驶入沙溪镇新生街，路边行道树上一根碗口粗的树枝擦到了汽车槽罐的进气阀门，随着“砰”的一声巨响，挥发性极强的液态一甲胺从阀门管裂口处喷出，一股白色烟雾腾空而起，浓烟随着三级东北风迅速弥漫散开，居住在新生街西面的居民被烟雾包围。据了解，吸入者会猛烈咳嗽、皮肤灼伤、中毒昏迷，甚至窒息死亡。

该起事故造成191个家庭受害，35人死亡，650多人重伤。这个镇的耕牛、生猪等家畜也大量死亡；田里的稻子、大豆及路边的树木一片焦黄；老鼠、蛇也未能幸免。

(二) 问题

(1) 一甲胺属于哪类货物?

(2) 案例中押运员和司机有哪些违反规定和操作要求的做法?

(3) 我们从案例中吸取到的经验教训是什么?

(4) 试分析案例中的危险品运输组织工作存在的不足，并提出改进建议。

(三) 分析报告

1. 案例综述

本案例是危险品运输因没有按照危险货物运输的规程进行操作而导致严重后果的运输事故。

2. 问题分析

(1) 一甲胺属于危险货物中的第Ⅱ类易燃压缩气体，是一级危险品。一甲胺易燃、易爆，同时伴有强烈的刺激性氨样臭味，通常装在耐低压的容器内运输。

(2) 押运员和司机违反规定和操作要求的做法主要有：

1) 押运员和司机不得带运其他货物。

2) 危险品运输的线路应绕开人口聚集区。

3) 对道路状况不熟悉时，应提前进行查看；通行条件不良时，应谨慎驾驶。

(3) 吸取到的经验教训有：危险货物在运输、装卸和储存过程中，容易造成人身伤亡、财产损失和环境污染，因此一定要严格按照相关操作规定和要求进行运输作业，否则后果难以估计。

(4) 本案例是一起典型的由于押运员和司机的责任心不强而导致的危险品运输事故，本案例中的危险品运输组织工作存在以下几个方面的不足：

1) 押运员和司机的责任心不强，安全意识薄弱。

2) 押运员和司机贪小便宜。

3) 没有遵照危险品运输线路应绕开人口聚集区、不得在人口聚集区停车、对道路状况不熟悉时应提前进行查看、通行条件不良时应谨慎驾驶等相关操作程序。

3. 总结与结论

对于案例所暴露的问题，至少应在以下几个方面作出改进：

(1) 加强对押运员和司机的安全教育，尤其是责任意识的教育。

(2) 加强对押运员和司机的职业素养的培训及教育。

(3) 制定危险品运输应急预案，确保事故造成的损失降到最低。

【案例二】　德意外贸公司倒签提单案

(一) 背景与情境

德意外贸公司与瑞士斯坦尼公司签订出售农产品合同，共计700吨，价值11万英镑，装运期为2010年12月至次年1月。因原定船舶发生故障，改由另一艘外轮装货，使货物在2011年2月11日才装完。德意外贸公司请求南美外轮公司将提单的日期改为1月31日。货到港后，斯坦尼公司对装货日期提出异议，要求德意外贸公司提供装船证明。德意外贸公司坚持提单正常无须提供证明，结果斯坦尼公司聘请律师上船，查船长的航行日志证明提单日期属伪造，斯坦尼公司凭律师拍摄的证明，向当地法院上诉，法院审理后发出通知扣留船舶。

(二) 问题

(1) 德意外贸公司是否承担赔偿责任?

(2) 德意外贸公司和南美外轮公司的行为符合企业伦理道德要求吗?

(三) 分析报告

1. 案例综述

提单有许多种类，其中按照商业习惯，海运提单分为过期提单、倒签提单、预借提单、顺签提单和货代提单。

(1) 过期提单。它是指卖方向当地银行交单结汇的日期与装船开航的日期相距太长，以致银行按正常邮寄提单预计收货人不能在船到达目的港前收到的提单。

(2) 倒签提单。它是指承运人应托运人的要求，签发提单的日期早于实际装船日期，以符合信用证对装船日期的规定，便于在该信用证下结汇。

(3) 预借提单。它是指因信用证规定装运日期和议付日期已到，货物因故而未能及时装船，由托运人出具保函，要求承运人签发的已装船提单。若信用证未规定最迟装运日期，银行将不接受表明装运日期迟于信用证到期日的提单。

(4) 顺签提单。它是指货物装船完毕后，承运人应托运人的要求，以晚于该票货物实际装船完毕的日期作为签发提单的日期，以符合有关合同关于装船日期的规定。

(5) 货代提单。它是指由货运代理人（无船承运人）签发的提单。

本案例中，德意外贸公司请求南美外轮公司将提单的日期由实际装船的2月11日改为1月31日。因此，本案例是典型的由于船期延误而签发倒签提单，并由此造成运输纠纷的案例。

2. 问题分析

虽然倒签提单是一种商业习惯，但是该行为还是存在欺诈或者隐瞒第三方的行为，提单的签发者需要对由此造成的损失承担赔偿责任。因此，南美外轮公司应赔偿瑞士斯坦尼公司的损失。一般来讲，德意外贸公司不直接承担对瑞士斯坦尼公司的赔偿责任，但是因为船公司在签发商业习惯提单时，往往要求申请者提供相应的担保，以转嫁相应的风险。因此，本案例中，德意外贸公司会承担间接的赔偿责任，具体应视其与南美外轮公司的具体担保情况而定。

签发倒签提单虽说是一种商业习惯，但是倒签提单本身是对第三者的一种欺骗，即使是善意的行为也不能更改其欺骗的性质。因此，德意外贸公司和南美外轮公司的行为不符合企业伦理道德要求。

3. 总结与结论

对于案例中所暴露的问题，至少应在以下几个方面作出改进：

(1) 加强运输计划的弹性，在知道原先船舶不能承担运输义务时，应及时安排其他船舶运输，以确保船期。

(2) 将船期延误的信息反馈给相关公司，争取获得对方的谅解，为后续的结汇等工作创造条件。

(3) 倒签提单后，尽量缩短航期，尽量减少因船期延误而造成的损失，同时做好相应的善后工作。

项目四 信息管理业务实训

物流不仅是运输物品，同时也在传递信息。物流信息是物流活动的各个环节中生成的信息，与物流过程中的运输、仓储、装卸、配送、包装等各种职能有机地结合在一起。信息是事物内容、形式及其发展变化的反映，物流信息与物流各个环节关系密切，起着相当于人的大脑神经中枢的作用。信息技术使物流企业拓展了服务范围，提高了运作效率和市场反应速度，从而奠定了信息技术在物流服务中处于核心竞争力的地位。物流信息管理是供应链与物流管理中的重要环节，本项目通过物流信息管理业务实训，要求学生熟悉并掌握现代信息技术的应用方法和原则，培养自身的实际工作能力和专业技能。

任务1
条码数据识别与采集

条码技术是随着计算机与信息技术的发展和应用而诞生的，它是集编码、印刷、识别、数据采集和处理于一身的新型技术。在全球范围内，每天需要运用到条码扫描的次数已经超过上亿次，其应用范围也涉及物流、仓储、图书馆、银行、POS收银系统等领域和行业。条码自动识别和数据采集技术在物流行业发挥着至关重要的作用，本任务就针对条码数据识别与采集的方法和技能进行实训。

一、任务描述

通过实训，要求学生熟悉条码的基本概念和基本结构，掌握常用条码的码制、字符集、长度、连续性、校验码及自校验特性、应用范围；通过对条码数据采集器的使用，要求学生了解条码数据采集器的功能和特点，以及条码数据采集器在仓储作业中的地位和作用；要求学生根据仓储作业的环境和条件，设计出合适的条码数据采集器的使用方案。

二、实训目标

（1）熟悉条码的基本概念和基本结构。

（2）熟悉常用条码的码制、字符集、长度、连续性、校验码及自校验特性、应用范围。

（3）熟悉条码数据采集器的定义、特点、发展现状和趋势。

（4）正确掌握数据采集器的使用和维护。

（5）熟练掌握数据采集器的软件应用，包括数据的录入、删除、保存。

三、实训任务

将学生分为若干组，各组选出一个负责人，由负责人组织小组成员讨论并确定组内分工，通过分工合作完成小组任务，最后提交实训报告。具体任务和操作步骤如表4—1所示。

表 4—1　　条码数据识别与采集实施与操作表

操作 作业内容	小组任务	操作指导
条码数据的识别	收集各种条码，了解各种条码的特点和作用，并进行分类	通过查询互联网、图书资料等方式收集各种条码，了解各种条码的作用，并进行分类
条码数据采集器的相关操作	熟悉各种条码数据采集器的特点，正确掌握数据采集器的使用和维护，熟练掌握数据采集器软件的使用方法	教师根据教学需要设计条码数据采集器实训情境，在详细讲解条码数据采集器的相关知识后，对学生进行分组，要求学生根据仓储作业的环境和条件，设计出合适的条码数据采集器的使用方案，并根据教学设计及时对学生的操作和行为加以指导、评价和总结

四、工作准备

（1）划分小组，各小组进行组员分工，明确各组员的职责；

（2）制定项目的实施方案，制订工作进度安排计划；

（3）图书资料和互联网查询的准备工作；

（4）配置各种仓库管理系统（WMS）、条码打印机、条码数据采集器，提供条码数据采集器说明书；

（5）准备学生实训手册、多媒体教学设备、课件和视频教学资料等。

五、考核评价

采用形成式评价与过程考核、小组成果与个人成果相结合的方式，把基础理论知识、实践动手技能、教学参与度结合起来进行考核，考核主要通过活动过程、工作成果、个人表现及总结三个方面进行体现。其中，过程考核主要考查学生的工作态度、效率、规范性、安全性等，占 30 分，以小组考核为主；成果考核主要考查学生的学习质量，以小组成果为主，占 50 分，以教师考核为主；个人部分主要考查学生的个人能力，占 20 分。完成任务后，各小组组长负责填写条码数据识别与采集实训工作测评表，如表 4—2 所示。

表 4—2　　条码数据识别与采集实训工作测评表

组别/姓名			班级	
测评地点			日期	
项目名称	信息管理业务实训			
任务名称	条码数据识别与采集			
测评项目	评价标准	分值	本组评分	教师评价
过程评分（30 分）	参与调研工作的积极性	10		
	小组内合理分工与合作	10		
	收集条码的数量和种类	10		

成果评分（50 分）	对各种条码认识的正确性	15		
	各种条码数据采集器操作的正确性	15		
	条码数据采集器使用方案设计的合理性	10		
个人总结（20 分）				

六、实训指导

任务的实施与操作会涉及相关的理论知识，需要查找相关的资料，对这些资料的学习和对相关作业环节与具体内容的了解，有助于实训任务的顺利完成和活动成果的总结。设计条码数据采集任务，并根据任务设计条码数据采集器的使用方案。

（一） 条码数据的特点与分类

条码的种类很多，常用的条码有：UPC-A，UPC-E，EAN-13，EAN-8，EAN-128，交叉 25 码，ITF-14，ITF-6，Code 39（标准 39 码），库德巴码，Code 128，Code 93，以及信息量更大的二维码等。请收集各种条码，了解这些条码的基本概念、基本术语，熟悉条码的基本结构。要求：

（1）收集条码，并对条码进行分类，下面的条码仅供参考。如图 4—1 至图 4—11 所示。

图 4—1 UPC 条码符号

图 4—2 EAN 条码符号

图 4—3 表示“123458”的 25 条码

图 4—4　交叉 25 码符号

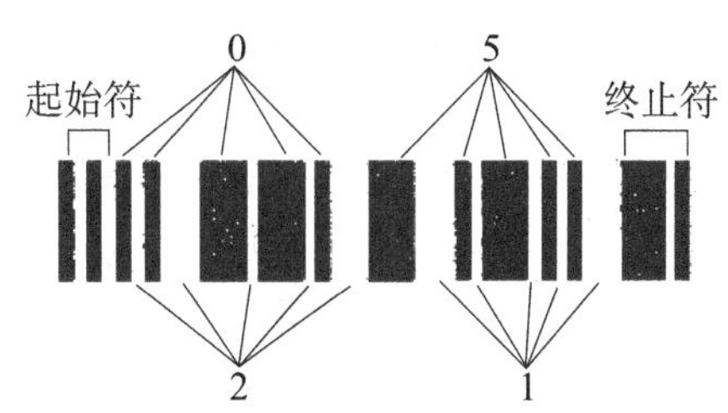

图4—5　表示“251”的交叉 25 码（左端加 0）

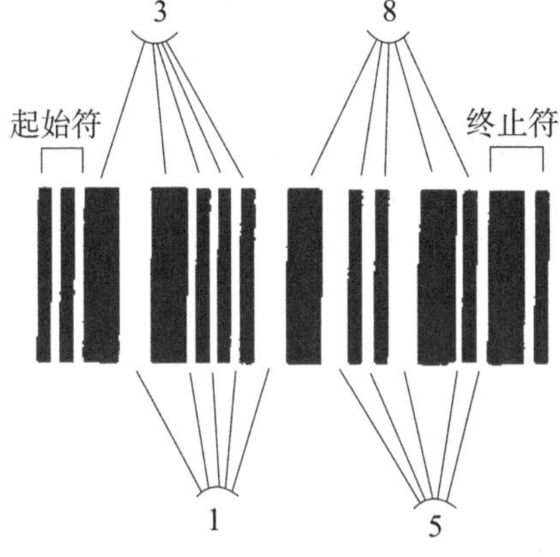

图 4—6　表示“3185”的交叉 25 条码

图 4—7　带有托架的交叉 25 条码

图 4—8　ITF-14 条码符号

图 4—9　ITF-6 条码符号

图 4—10　标准 39 码符号

图 4—11　二维码

（2）认知条码的符号结构，熟悉使用方法。参考范例表 4—3，并填写表 4—4。

表 4—3 条码的设计和使用实训作业范例

学　号	姓名	借书证条码体验并制作如下，判断其码制并写在下方	以某本图书上的条码为个案，判断其码制	基于学号的条码设计（Code 128 码）
0651051301	孔铭	*A017682*	*0100100471236P* *0100100471236P*	0651051301

表 4—4 条码的设计和使用方法实训作业

商品编号	商品名称	商品条码体验并制作如下，判断其码制并写在下方	以某本图书上的条码为个案，判断其码制	基于商品编号的条码设计（Code 128 码）

（3）查阅相关资料，填写表 4—5，熟悉常用条码的码制、字符集、长度、连续性、校验码及自校验特性、应用范围。

表 4—5 条码码制、分类及特点

码制	字符集	长度	连续性	校验码	应用范围
UPC-A					
UPC-E					
EAN-13					
EAN-8					
EAN-128					
交叉 25 码					
ITF-14					
ITF-6					
Code 39					
库德巴码					
Code 128					
Code 93					

（二） POS 系统的正确使用

POS 系统主要包括前台操作及部分后台管理的操作，POS 系统主要包括以下几方面内容：前台收银、处理顾客退货、修改营业员密码、打印单据、关机等。POS 系统管理软件主要由前台、后台两大部分组成，首先由老师演示，对要操作的对象进行总体介绍；然后学生在观摩、了解、认识的基础上分组上机练习。通过对 POS 系统基本知识的介绍，以及对物流作业技术与相关设备实际操作技能的学习，学生可以对 POS 系统的合理使用以及规范化管理有较深的认识，有助于其正确了解 POS 系统装备在现代物流中的作用，通过切实选好、用好、管好 POS 系统，充分发挥其效能，从而降低物流成本，使物流服务质量得到保证，并进一步提高物流的效率。实训的过程与要求如下：

（1）以 POS 机作为前台销售的工具，在提高收银速度、减轻收银员的劳动强度、减少工作差错、方便顾客的同时，作为系统的数据采集设备，其可以为后台管理提供完整的第一手销售数据。

（2）利用条码技术和商品本身的条码（EAN-13 码），在商品销售、商品流转和商品盘点的各环节中，采用条码自动扫描设备，迅速、准确地识别商品，以加快商品流转的速度，提高信息处理的准确性。

（3）以计算机作为信息处理与信息存储的工具，实现商品进货、销售、调拨、库存各流通环节的信息处理自动化。通过对数据进行动态的统计分析，以便及时掌握商品经营信息，发现经营管理中存在的问题，为各级管理人员提供辅助决策信息。

（三）超市条码数据采集方案设计

以华润超市为例，华润超市每个月都需要盘点库存，而盘库又是消耗大量人力的事情。尽管超市有条码扫描器，但是条码扫描器只对非常短的数据进行处理，如果要用条码扫描器进行盘点，必须把商品从货架搬到扫描器前，待扫描后再放回货架，工作量非常大，而且效率很低。为了解决商品原有的货架陈列方式，在不影响销售的基础上，需要运用移动式、含内存的新型条码数据采集器来盘库。根据超市配送中心的运作特点，结合条码数据采集器的工作原理，设计一套现代化的超市配送中心的运作和管理方案，并说明条码数据采集器的使用及维护方法。

任务 2
GIS 和 GPS 信息的使用

地理信息系统（GIS）和全球定位系统（GPS）作为先进的科学技术手段已在交通运输、物流、资源开发等领域显示出了强大的生命力，其应用范围日益广泛。例如，目前已经开发出的 GIS 物流分析软件集成了车辆路线模型、最短路径模型、网络物流模型、分配集合模型和设施定位模型等，利用 GIS 强大的地理数据功能来完善物流分析技术；在物流领域运用 GPS 技术，用户可以随时了解自己的货物状态，包括运输货物车辆所在的位置、货物名称、货物数量和重量等，这不仅大大提高了监控的能力，降低了货物空载率，而且有利于资源的最佳配置，有利于控制成本和提高效率。本任务针对 GIS

和 GPS 信息的使用方法和技能进行实训。

一、任务描述

通过实训，要求学生了解 GIS 和 GPS 两大系统的作用，熟悉其基本功能、基本模块，掌握其应用操作；要求学生利用 GIS 和 GPS 两大系统解决物流各个环节涉及的问题，如运输路线的选择、仓库位置的选择、仓库的容量设置、合理装卸策略的制定、运输车辆的调度等；要求学生运用系统的导航、车辆跟踪、信息查询等功能，有效地监控司机的行为，掌握车辆的基本信息，对车辆进行有效的管理和决策。

二、实训目标

（1）能够进行软件操作，学会对目标（建筑物）进行搜索，对目标地图的放大和缩小以及清晰度进行调整。

（2）学会对目标物进行定位，如锁定目标的经度、纬度、海拔（高程）、观测距离。

（3）能够利用系统实时显示车辆的实际位置，并任意放大、缩小、还原、换图。

（4）能够利用系统进行运输路线的选择、仓库位置的选择、合理装卸策略的制定、运输车辆的调度和投递路线的选择。

（5）能够对车辆进行实时定位、跟踪、报警、通信，获取车辆的具体位置、载货信息，并能够利用该功能对车辆和货物进行跟踪。

三、实训任务

将学生分为若干组，各组选出一个负责人，由负责人组织小组成员讨论和确定组内分工，通过分工合作完成小组任务，最后提交实训报告。具体任务和操作步骤如表 4—6 所示。

表 4—6　　GIS 和 GPS 信息的使用实施与操作表

操作 作业内容	小组任务	操作指导
GIS 在物流领域的应用	通过 GIS 的应用实训，了解电子地图的作用，熟悉电子地图的基本功能模块，学会利用电子地图找出物流配送网络的最优路径，了解 GIS 的最新研究成果在物流管理中的应用	熟悉电子地图软件的主要功能模块，学会运用 GIS 进行仓库位置的确定、装卸策略的制定、运输车辆的调度和运输路线的选择。到运输管理部门和企业开展调研，了解 GIS 在物流领域的应用
GPS 在物流领域的应用	通过 GPS 的应用实训，了解该系统的基本功能，熟悉该系统的基本模块，掌握 GPS 的应用操作，了解 GPS 的最新研究成果在物流管理中的应用	熟悉 GPS 的主要功能模块，学会对目标进行搜索、定位、存储，对图层进行设置，学会运用该系统的导航、车辆跟踪、信息查询等功能。到运输管理部门和企业开展调研，了解 GPS 在物流领域的应用

四、工作准备

（1）划分小组，各小组进行组员分工，明确各组员的职责；
（2）制定项目的实施方案，制订工作进度安排计划；
（3）配置 GIS 和 GPS 实训软件和实训设备；
（4）与相关部门和企业联系，做好调研准备；
（5）准备学生实训手册、多媒体教学设备、课件和视频教学资料等。

五、考核评价

采用形成式评价与过程考核、小组成果与个人成果相结合的方式，把基础理论知识、实践动手技能、教学参与度结合起来进行考核，考核主要通过活动过程、工作成果、个人表现及总结三个方面进行体现。其中，过程考核主要考查学生的工作态度、效率、规范性、安全性等，占 30 分，以小组考核为主；成果考核主要考查学生的学习质量，以小组成果为主，占 50 分，以教师考核为主；个人部分主要考查学生的个人能力，占 20 分。完成任务后，各小组组长负责填写 GIS 和 GPS 信息的使用实训工作测评表，如表 4—7 所示。

表 4—7　　GIS 和 GPS 信息的使用实训工作测评表

组别/姓名			班级	
测评地点			日期	
项目名称	信息管理业务实训			
任务名称	GIS 和 GPS 信息的使用			
测评项目	评价标准	分值	本组评分	教师评价
过程评分（30 分）	参与调研工作的积极性	15		
	小组内合理分工与合作	15		
成果评分（50 分）	GIS 和 GPS 软件功能使用的正确性	15		
	GIS 和 GPS 使用方案设计的合理性	15		
	调研成效和报告撰写的规范性	20		
个人总结（20 分）				

六、实训指导

任务的实施与操作会涉及相关的理论知识，需要查找相关的资料，对这些资料的学习和对相关作业环节与具体内容的了解，有助于实训任务的顺利完成和活动成果的总结。设计 GIS 和 GPS 应用任务，并根据任务设计实训方案。

（一）利用电子地图设计物流配送网络路径

广州市区一家电配送中心仓库 P 向周边城镇的 10 处家电商场运送科龙牌 200 升电冰

箱，每台重量为 80kg，单件体积为 0.5m³，全部用货车沿公路运送，公司有装运 150 台冰箱和 60 台冰箱的货车各一辆。中心仓库和送货目的地如下：配送中心仓库 P 为广州火车东站货运仓库，送货目的地和数量分别为：1）广州从化太平镇，60 台；2）广州花都花山镇，80 台；3）佛山三水范湖镇，20 台；4）佛山三水区，90 台；5）佛山丹灶镇，75 台；6）佛山市顺德区乐从，25 台；7）佛山市顺德区陈村，10 台；8）广州番禺黄阁镇，30 台；9）东莞市厚街镇，60 台；10）广州市增城区，200 台。请设计运输方案。实训步骤如下：

（1）进入中国电子地图软件操作系统，并熟悉各操作模块。

（2）选择某一配送线路的起点与终点（如线路二的花山镇与广州东站），并进入“路线计算”功能，从而在界面上自动显示该最优路径。

（3）重复以上操作，依次找出中心仓库 P 至周边城镇 10 家需求点及各个临近需求点之间的最短路径和里程。

（4）按照各线路的最短路径和里程画出路线图。

（5）根据货运量、路径和车辆情况设计运输方案。

表 4—8 为货物配送任务统计表。

表 4—8　　货物配送任务统计表

代　　码	配送起始点	代　　码	配送目的地	最短里程（km）

（二） GIS 和 GPS 的正确使用

通过 GIS 和 GPS 两大系统软件的应用实训，了解其基本功能，熟悉其基本模块，掌握 GIS 和 GPS 软件的应用操作。任务要求如下：

（1）认知和体会软件的操作界面，学会对目标（建筑物）进行搜索，对目标地图进行放大、缩小和清晰度的调整。

（2）学会对目标进行定位，如锁定目标的经度、纬度、海拔（高程）、观测距离。

（3）学会对目标进行存储、对图层进行设置（如增加或删除摄影点）以及垂直与水平观测的变换。

（4）以自己的实训场地为基点分别找出表 4—9 中目标的位置，并给出其经度、纬度、海拔（高程）、观测距离。

（5）填写实训任务表（见表 4—9）。

表 4—9　　**GIS 和 GPS 实训任务表**

项　目	目标定位图片	目标定位数据（经度、维度、海拔（高程）、观测距离）
上海东方明珠		
西安火车站		
北京天安门广场		
北京奥运主场馆（水立方、鸟巢等）		
我的学校		
杭州西湖文化广场		

（三）GIS 和 GPS **使用情况调研**

GIS 和 GPS 两大系统已广泛应用到农业、交通、水利、电力、国土、航空、海洋、国防、气象等领域，而 GIS、GPS 和无线通信技术的有效结合，再辅以车辆路线模型、最短路径模型、网络物流模型、分配集合模型和设施定位模型等，能够建立功能强大的物流信息系统，使物流变得可以实时监控，并且达到成本最优化。很多交通管理部门和物流企业使用 GIS 和 GPS 对交通工具和货物进行跟踪管理，并结合物流企业的决策模型库的支持，根据物流企业的实际仓储情况和由 GPS 获取的实时道路信息，可以计算出最佳物流路径，从而给运输设备提供导航，减少运行时间，降低运行费用。通过到运输企业进行综合调研实训，学生分组到运输企业和管理部门实地观看现场操作，并在企业各部门相关业务操作员的指导下进行实战操作训练，综合运用所学的知识，提高对 GIS 和 GPS 的使用能力。通过调研完成以下任务：

（1）跟踪一项 GIS 或 GPS 实际应用案例，写出操作方法。

（2）完成调研后，按照规范撰写调研报告。

任务 3 物流信息交换 EDI 技术应用

电子数据交换（EDI）是指按照统一规定的一套通用标准格式，将标准的经济信息，通过通信网络传输，在贸易伙伴的电子计算机系统之间进行数据交换和自动处理，俗称

"无纸贸易"。以往，世界每年花在制作文件上的费用达 3 000 亿美元，所以无纸贸易被誉为一场"结构性的商业革命"。EDI 实现了贸易伙伴交易数据安全、标准化的传输，符合贸易伙伴的商业要求，支持各种类型的 EDI 单据如订单、发货单、舱单、收货确认单、发票等，帮助供应商在全球范围内扩大及管理其合作伙伴，极大地节约了成本并提高了沟通和协作的效率。本任务针对 EDI 的使用方法和技能进行实训。

一、任务描述

通过实训，要求学生了解 EDI 系统的作用，熟悉 EDI 系统的基本功能、基本模块，掌握 EDI 系统的应用操作；要求学生利用 EDI 系统解决物流贸易伙伴之间数据安全和标准化传输的问题，提高信息应用能力，提高物流信息的交换效率，提高管理和决策水平。

二、实训目标

（1）了解各种 EDI 系统的作用和基本功能。

（2）熟悉各种 EDI 系统的基本模块，掌握该系统的操作方法。

（3）学会利用 EDI 系统解决物流数据安全和标准化传输的问题。

三、实训任务

将学生分为若干组，各组选出一个负责人，由负责人组织小组成员讨论并确定组内分工，通过分工合作完成小组任务，最后提交实训报告。具体任务和操作步骤如表 4—10所示。

表 4—10　　物流信息交换 EDI 技术应用实施与操作表

操作 作业内容	小组任务	操作指导
EDI 技术在物流信息交换中的应用	了解 EDI 技术在物流信息交换中的作用，熟悉 EDI 系统的基本功能、基本模块，掌握 EDI 系统的操作方法，学会利用 EDI 系统解决物流数据安全和标准化传输的问题	利用 EDI 系统软件，模拟各种物流信息交换情景，让学生扮演不同的角色，通过实际操作，要求学生学会 EDI 系统的有效应用，熟悉订单、发货单、舱单、收货确认单、发票等单证的无纸化处理，了解无纸贸易

四、工作准备

（1）划分小组，各小组进行组员分工，明确各组员的职责；

（2）制定项目的实施方案，制订工作进度安排计划；

（3）配置相关的 EDI 系统实训软件和计算机网络等实训设备。

五、考核评价

采用形成式评价与过程考核、小组成果与个人成果相结合的方式，把基础理论知识、实践动手技能、教学参与度结合起来进行考核，考核主要通过活动过程、工作成果、个人表现及总结三个方面进行体现。其中，过程考核主要考查学生的工作态度、效率、规范性、安全性等，占 30 分，以小组考核为主；成果考核主要考查学生的学习质量，以小组成果为主，占 50 分，以教师考核为主；个人部分主要考查学生的个人能力，占 20 分。完成任务后，各小组组长负责填写物流信息交换 EDI 技术应用实训工作测评表，如表 4—11 所示。

表 4—11　　物流信息交换 EDI 技术应用实训工作测评表

组别/姓名			班级	
测评地点			日期	
项目名称	信息管理业务实训			
任务名称	物流信息交换 EDI 技术应用			
测评项目	评价标准	分值	本组评分	教师评价
过程评分（30 分）	参与工作的积极性	15		
	小组内合理分工与合作	15		
成果评分（50 分）	EDI 各功能模块使用的正确性	25		
	利用 EDI 系统解决实际问题方案设计的合理性	25		
个人总结（20 分）				

六、实训指导

任务的实施与操作会涉及相关的理论知识，需要查找相关的资料，对这些资料的学习和对相关作业环节与具体内容的了解，有助于实训任务的顺利完成和活动成果的总结。设计平台应用任务，并根据任务设计实训方案。

（一）港航单证 EDI Express 的正确使用

在模拟软件实训室进行物流 EDI 基础软件——港航单证 EDI Express——应用实训，通过实训，要求学生了解港航单证 EDI Express 软件的基本模块，熟悉该软件的基本功能，掌握该软件的应用操作。以集装箱单证训练为例，其操作步骤如下：

（1）进入 EDI Express 软件操作，新建单证，进入“新建单证操作”界面。

（2）在弹出的窗口中点击“新建”按钮，输入相关数据。

1）输入“箱号”，如“CFBO2742593”（注：字母要大写，且全世界集装箱号码是唯一的），并选择“校验”，无误后继续进行。

2）选择船名，点击“选择”，出现下拉框，选中后双击（如选“FGHDRT”）。

3）输入“封号”，如“5371605”。

4）输入“尺寸类型”，单击菜单并双击“获取”（取20英尺干货柜）。

5）输入“状态”，下拉获取有关资料。

6）输入“经营人”，先在“代码”栏选择，如“COSCO”，后填写“中远集团”。

7）输入“装箱人”，如“宁波港务公司”。

8）输入“地址”，下拉获取有关资料。

9）输入“装箱日期”，如“20130816”。

10）输入“装货港”，由“菜单栏”→“单证校验”→“代码表”，从中选择港口代码，字段名为描述，操作符选“＝”，取值为Ningbo（宁波），然后点击“查找”→“选项”，将选项填入装箱单内。

11）输入“卸货港”，按“选择”按钮，如选“JPFKY”。

12）输入“目的港”，与上相同（因卸货港与目的港是同一个港）。

13）输入“提单号”，如“CBL080236”。

14）输入“交货地”代码，与“目的港”栏相同；输入“交货地”，如“FUKUYAMA”；输入“货物序号”，如“100”；“货物代码”可不填；输入“件数”，如“30”；输入“包装类型代码”，可查。

15）输入“车号”，如“浙B78956”。

16）输入“设备”交接单号码，如“JJD080630”。

17）无须输入“总件数”等栏，因为在上述数据输入完毕，点击工具栏上的“保存”后，“总件数”等栏目的内容会自动算出。

（3）点击工具栏上的“生成报文”。若出现“发送方代码没找到”，请按“确定”，此时，可选“系统维护”→“用户代码维护”中的选项。然后选“单证校验”→“代码标准”。

（4）选择船名/航次，在弹出的下拉菜单中选择（双击）一条记录输入编辑框。再点击“生成报文”。完成单证（装箱单）的EDI报文（默认路径为“C：\Program Files\EDI Express\Send”）。

（5）可进行相关的查询，对上述路径用写字板或记事本打开查看，就是该装箱单的EDI报文。

（二）EDI系统的工作流程

将EDI应用到国际贸易中，是以计算机网络为依托的，通过EDI网络中心，把与国际贸易有关的工厂、公司、海关、运输公司、保险公司、银行联系起来，可以大大加速国际贸易的全过程。

（1）买方标明要购买的货物的名称、规格、数量、价格、购买时间等，这些数据被输入采购应用系统，由该系统的翻译软件制作出相应的EDI电子订单，这份电子订单会被传送给卖方。

（2）卖方的计算机接到订单后，EDI软件把订单翻译成卖方的格式，同时自动生成一份表明订单已经收到的功能性电子回执。这份电子回执会被传递给买方。

(3) 卖方也许还会产生并传递一份接收订单的通知给买方，表示供货的可能性。

(4) 买方的计算机收到卖方的功能性回执及接收订单的通知后，翻译软件会将它们翻译成买方的格式，这时订单又被更新了一次。

(5) 买方根据订单的数据，产生一份电子的“了解情况”文件，并传递给卖方。

(6) 卖方的计算机收到了买方的“了解情况”文件，把它翻译成卖方的格式，并核查进展情况。

(7) 经过多次的沟通交流，最终形成各种类型的 EDI 单据如订单、发货单、舱单、收货确认单、发票等。

任务 4 国家交通运输物流公共信息平台的使用

国家交通运输物流公共信息平台（Logink）是以提高社会物流效率为宗旨，以实现物流信息高效交换和共享为核心功能，由交通运输部和省级交通运输主管部门共同推进，连通各类物流信息平台、企业生产作业系统，统一信息交换标准，消除信息孤岛，面向全社会的公共物流信息服务网络，是“公共、开放、共享”的物流信息服务桥梁。国家交通运输物流公共信息平台是交通运输部与浙江省政府共建的物流信息化推动工程，可为企业提供信息交换、信用共享、物流跟踪、物流行业监测、物流资源等服务。经过努力，国家交通运输物流公共信息平台推出了一期成果 Logink1000，免费为行业提供物流交换代码、物流通用软件、物流信息交换和共享等服务。本任务针对 Logink 平台信息的使用方法和技能进行实训。

一、任务描述

通过实训，要求学生了解国家交通运输物流公共信息平台的作用，熟悉该平台的基本功能、基本模块，掌握该物流信息系统的应用操作；要求学生利用该平台解决物流各个环节涉及的问题，提高信息应用能力，提高物流信息的交换效率，提高管理和决策水平。

二、实训目标

（1）了解国家交通运输物流公共信息平台的作用和基本功能。

（2）熟悉该平台的基本模块，掌握该物流信息系统的应用操作。

（3）学会利用该平台解决物流各个环节涉及的问题，提高管理水平。

三、实训任务

将学生分为若干组，各组选出一个负责人，由负责人组织小组成员讨论并确定组内分工，通过分工合作完成小组任务，最后提交实训报告。具体任务和操作步骤如表4—12所示。

表4—12　　国家交通运输物流公共信息平台的使用实施与操作表

操作 作业内容	小组任务	操作指导
国家交通运输物流公共信息平台的使用	了解国家交通运输物流公共信息平台的作用，熟悉该平台的基本功能、基本模块，掌握该物流信息系统的应用操作，学会利用该平台解决物流各个环节涉及的问题	利用浙江省交通运输物流公共信息系统光盘，或者访问 http://www.logink.org，通过实际操作让学生学会有效应用该平台的资源

四、工作准备

（1）划分小组，各小组进行组员分工，明确各组员的职责；

（2）制定项目的实施方案，制订工作进度安排计划；

（3）配置相关信息系统实训软件。

五、考核评价

采用形成式评价与过程考核、小组成果与个人成果相结合的方式，把基础理论知识、实践动手技能、教学参与度结合起来进行考核，考核主要通过活动过程、工作成果、个人表现及总结三个方面进行体现。其中，过程考核主要考查学生的工作态度、效率、规范性、安全性等，占30分，以小组考核为主；成果考核主要考查学生的学习质量，以小组成果为主，占50分，以教师考核为主；个人部分主要考查学生的个人能力，占20分。完成任务后，各小组组长负责填写国家交通运输物流公共信息平台的使用实训工作测评表，如表4—13所示。

表 4—13　　　　国家交通运输物流公共信息平台的使用实训工作测评表

<table>
<tr><td>组别/姓名</td><td colspan="2"></td><td>班级</td><td></td></tr>
<tr><td>测评地点</td><td colspan="2"></td><td>日期</td><td></td></tr>
<tr><td>项目名称</td><td colspan="4">信息管理业务实训</td></tr>
<tr><td>任务名称</td><td colspan="4">国家交通运输物流公共信息平台的使用</td></tr>
<tr><td>测评项目</td><td>评价标准</td><td>分值</td><td>本组评分</td><td>教师评价</td></tr>
<tr><td rowspan="2">过程评分（30 分）</td><td>参与工作的积极性</td><td>15</td><td></td><td></td></tr>
<tr><td>小组内合理分工与合作</td><td>15</td><td></td><td></td></tr>
<tr><td rowspan="2">成果评分（50 分）</td><td>该平台各功能模块使用的正确性</td><td>25</td><td></td><td></td></tr>
<tr><td>利用该平台解决实际问题的方案设计的合理性</td><td>25</td><td></td><td></td></tr>
<tr><td>个人总结（20 分）</td><td colspan="4"></td></tr>
</table>

六、实训指导

任务的实施与操作会涉及相关的理论知识，需要查找相关的资料，对这些资料的学习和对相关作业环节与具体内容的了解，有助于实训任务的顺利完成和活动成果的总结。设计平台应用任务，并根据任务设计实训方案。

（一） 数据交换配置

通过物流代码的申请和数据交换的配置，进而参与交通运输物流公共信息平台中心数据的交换，提高企业对于物流信息的应用能力和自身经营水平。

1. 申请物流代码

登录 www. logink. org，如图 4—12 所示。点击“申请”，选择“本省物流企业”，进入注册界面，填写完整的资料后，点击“注册”，等待网站反馈物流代码。

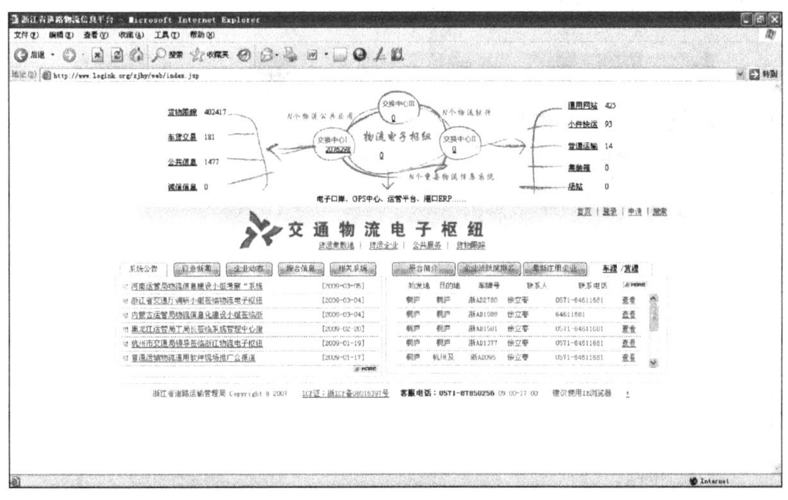

图 4—12　www. logink. org 首页

2. 进入用户界面

下载首页信息后，可以显示出行业新闻、天气预报，以及道路通阻情况。

进入该网站，点击“登录”，如图 4—13 所示，进入用户界面，选择“栏目订阅”，打开想要订阅的栏目，勾选后保存即可。

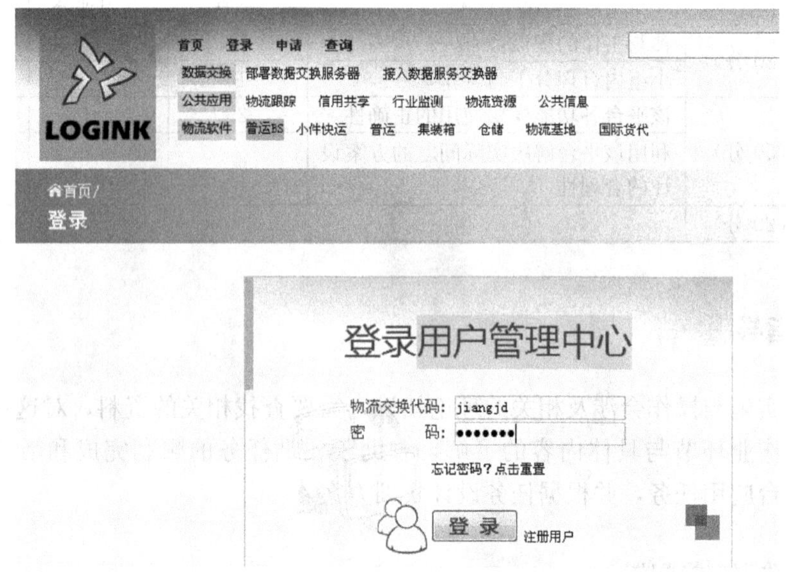

图 4—13 用户界面

3. 系统配置

只有在集装箱运输软件中进行了系统配置，才能参与交通运输物流公共信息平台中心数据的交换。交换过程中，仅仅交换特殊加密的代码，并不交换直接的数据。

登录系统后，在工具菜单中，选择“数据交换”→“系统交换配置”，进入“交换地址设定”界面，如图 4—14 所示，系统已自带默认交换地址。

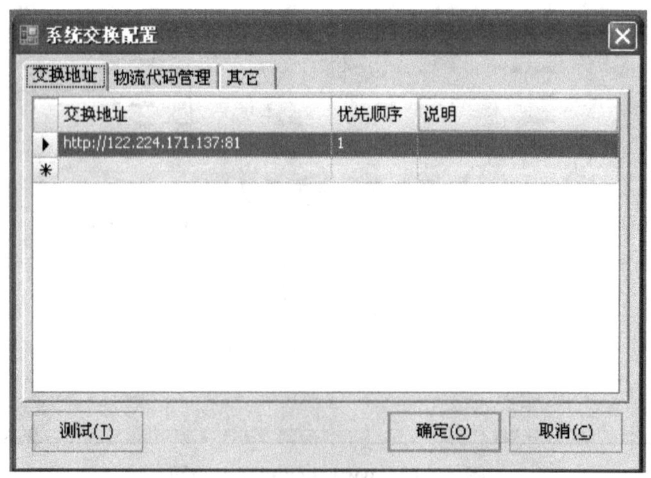

图 4—14 “交换地址设定”界面

在如图 4—15 所示的“物流代码管理”界面，可以管理物流代码及子代码，并选择主代码。完成配置后，即可参与数据交换。

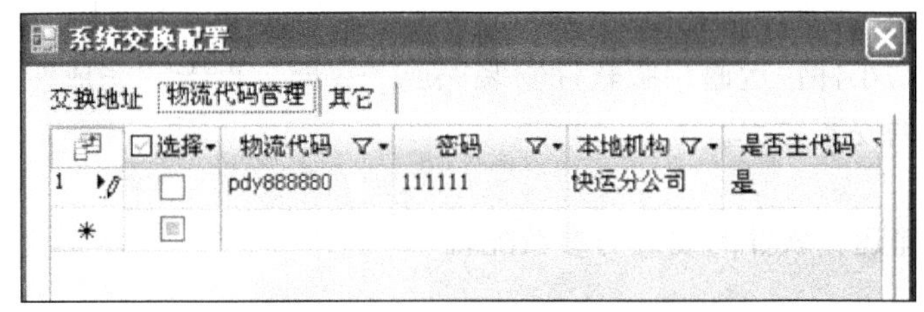

图 4—15　“物流代码管理”界面

（二）小件快运软件的安装与参数配置

1. 数据库软件的安装

准备一张浙江省交通运输物流公共信息系统“小件快运通用软件”光盘，或者访问 www.logink.org，下载小件快运通用软件到电脑中。

小件快运通用版安装光盘在放入光驱后会自动播放，或者运行硬盘目录内的 autorun.exe 文件，出现“安装选择”界面。点击“数据库软件安装”按钮，出现 SQL Server 2008 Express 准备安装界面。

安装 SQL Server 2008 Express 的先决条件有：Microsoft .NET Framework 2.0/SP2，Windows Installer 4.5。安装程序将自动安装以上软件，并且有可能需要重启电脑。

首先安装 Microsoft .NET Framework 2.0，然后安装 Microsoft .NET Framework 2.0 SP2。Microsoft .NET Framework 2.0 SP2 安装完成后，点击屏幕右下角“Exit”按钮，接着选择是否重新启动电脑，这时如果点击“Restart Now”，电脑会重新启动，并自动继续安装 Windows Installer 4.5；也可以选择“Restart Later”，待之后再重新启动电脑，出现 Windows Installer 4.5 的安装界面。在 Windows Installer 4.5 的安装界面点击右下角的“安装”按钮，开始安装 Windows Installer 4.5。Windows Installer 4.5 安装完毕后，电脑会自动重新启动，进入 Windows 桌面后，会出现 Microsoft SQL Server 2008 Express 的安装界面。在 Microsoft SQL Server 2008 Express 的安装界面点击右下角“安装”按钮，系统开始安装 Microsoft SQL Server 2008 Express。安装 Microsoft SQL Server 2008 Express 的过程中会出现 DOS 提示符界面，这是正常的安装进程，不用关闭。安装过程较慢，请耐心等待，直到上述窗口自动关闭，跳出“安装完成”对话框，点击“完成”按钮，关闭 Microsoft SQL Server 2008 Express 的安装进程。

2. 小件快运通用软件的安装

小件快运通用版安装光盘在放入光驱后会自动播放，或者运行硬盘目录内的 autorun.exe 文件，出现“安装选择”界面。点击“客户端安装”按钮，开始安装小件快运通用版软件，随后出现小件快运通用版软件安装向导。这时点击“下一步”，出现“许可证协议”界面。选择“我接受该许可证协议中的条款”，然后点击“下一步”按钮。

出现“用户信息输入”界面。这时输入自己的姓名和单位名称，点击“下一步”，出现“小件快运通用版软件安装类型选择”界面。选择“完整安装”，点击“下一步”，出现“小件快运通用版软件安装”界面。这时点击“安装”按钮，小件快运通用版软件开始安装，直到出现“小件快运通用版软件安装完成”界面。点击“完成”按钮，完成小件快运通用版软件的安装进程。

（三） 集装箱运输软件的安装与参数配置

1. 插入安装光盘执行自动安装

插入安装光盘，点击 run. bat 批处理文件，弹出安装界面，如图 4—16 所示。

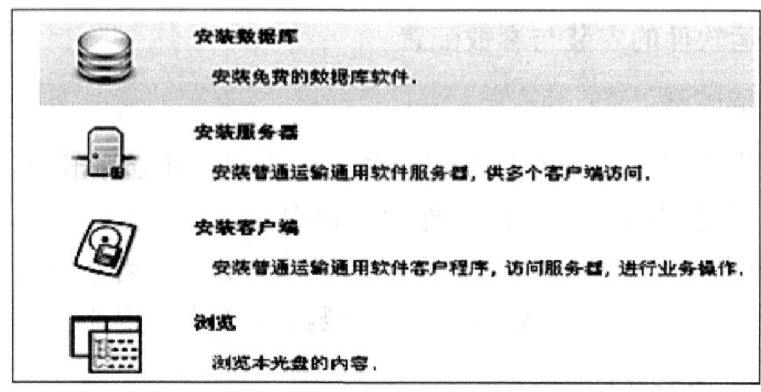

图 4—16 安装界面

2. 安装数据库

在如图 4—16 所示的界面，左键点击“安装数据库”，弹出“数据库安装”界面，点击“OK”进行安装。

3. 配置数据库用户

进入数据库主页，如图 4—17 所示。输入相应的用户名、口令，登录数据库系统，在管理功能中，点击“创建新用户”，如图 4—18 所示。出现新的“数据库用户创建”界面，如图 4—19 所示，填入信息，创建新的数据库用户。

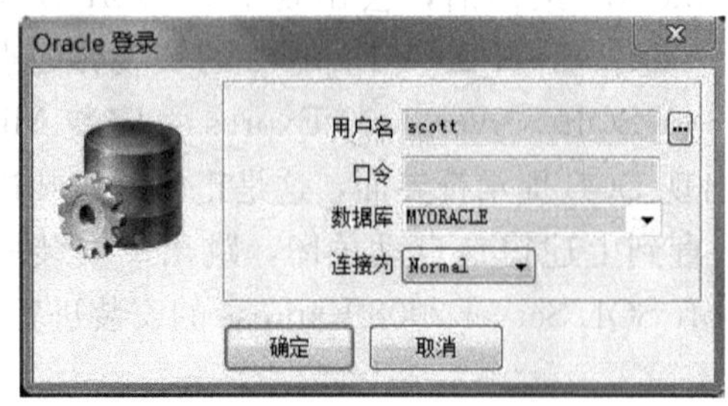

图 4—17 数据库登录界面

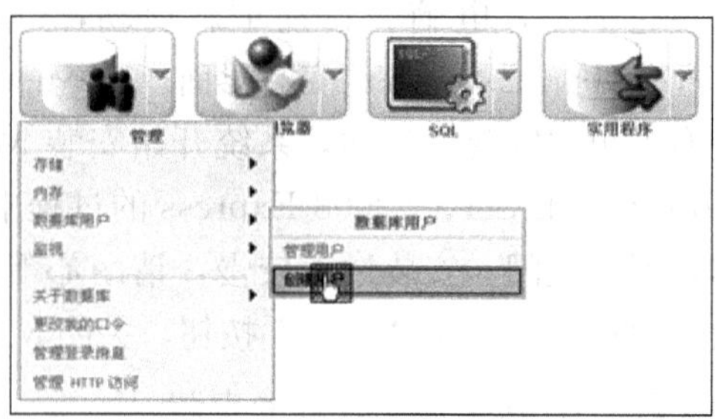

图 4—18 “创建新用户”界面

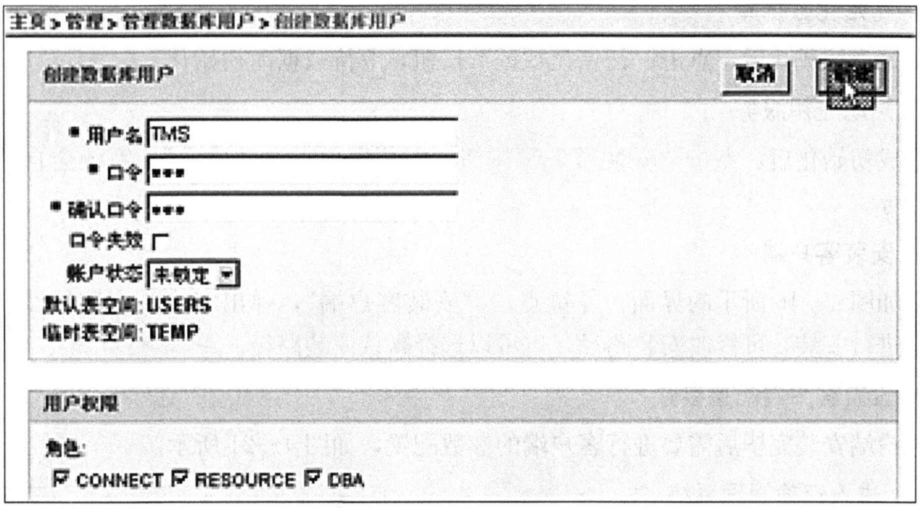

图 4—19　新的“数据库用户创建”界面

4. 安装服务端

在如图 4—16 所示的界面，左键点击“安装服务器”，弹出“服务器安装”界面，点击“OK”进行安装，可修改安装路径，也可以选择默认设置，点击“安装”。

5. 设置服务端配置参数

服务器安装完毕后需要进行服务器的参数配置，以便和数据库连接并为客户端提供服务。在如图 4—20 所示的界面，配置服务器，默认数据库名为“XE”，用户名、密码同第三步中所创建的数据库用户名和密码，点击“测试”，确定连接成功。

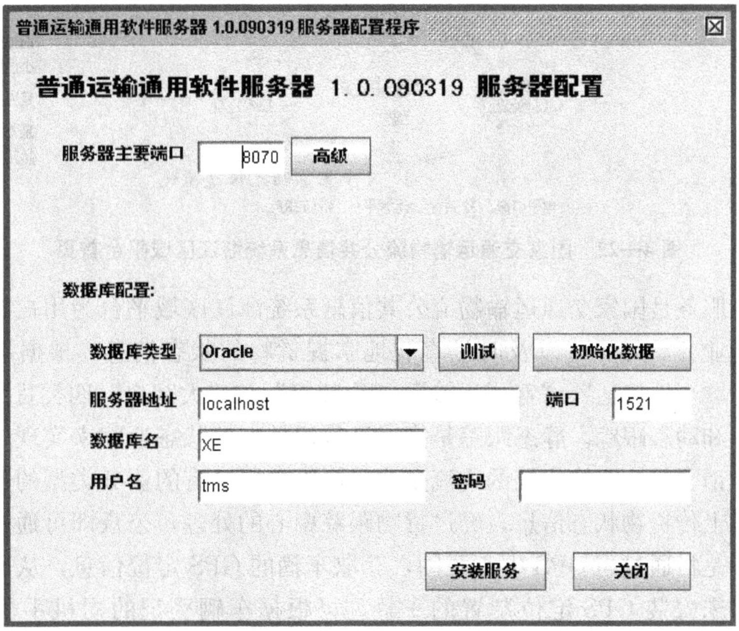

图 4—20　“服务器配置”界面

6. 初始化数据库

测试连接成功后，点击“初始化数据”按钮，等待数据库初始化。

7. 启动应用服务

完成初始化后，点击“安装服务”按钮，安装完后点击“确定”，系统会自动启动应用服务。

8. 安装客户端

在如图 4—16 所示的界面，左键点击“安装客户端”，弹出客户端安装界面，点击“OK”进行安装，可修改安装路径，也可以选择默认安装路径。

9. 设置客户端配置参数

客户端安装完毕后需要进行客户端的参数配置，如图 4—21 所示。

10. 进入运输管理系统

完成全部安装后，点击桌面快捷图标，进入运输管理系统，初始用户为“admin”，密码为“000”。

图 4—21 “客户端配置”界面

（四） 货运业务跟踪

在网页地址栏中输入 http：//www. logink. org/zjhy/web/，进入浙江省交通运输物流公共信息系统，点击界面左边“N 个物流公共应用”下方的“货物跟踪”，如图 4—22 所示，进入“货物跟踪”模块界面。

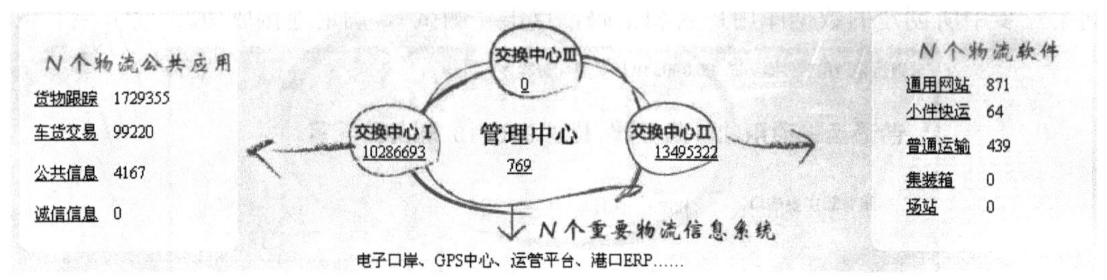

图 4—22 国家交通运输物流公共信息系统浙江区域平台首页

货物跟踪服务是国家交通运输物流公共信息系统浙江区域平台为用户提供的一项增值服务。通过业务单号，可以及时且直观地掌握货物的状态信息。根据不同的业务种类，目前分为“小件快运”、“普通运输”、“集装箱”和“大客户”四类货物跟踪，同时支持静态跟踪和动态跟踪。静态跟踪是指通过货运单据的状态追踪来实现对货物状态的跟踪，对于申请了物流交换代码的物流企业，可以采用已有的业务类型的通用软件或者根据接口规范上传货物状态信息，经过货物跟踪中心的处理，公众即可通过网站进行查询。动态跟踪是指通过与 GPS 中心联网，获取车辆的 GPS 定位信息，从而确定货物的当前位置。对未安装 GPS 定位装置的车辆，可根据车辆登记的司机手机号进行手机定位。

货物跟踪服务还提供签收单上传、实时定制查询（邮件或手机）、多方式查询货单状态、大客户货物跟踪、手机或邮件货物跟踪、跟踪信息保存等功能，从各方面满足不同层次货物跟踪的需求。

以下介绍前三类货物的跟踪。

1. 小件快运查询

（1）选择“小件快运货物跟踪”查询模块。点击“小件快运货物跟踪”链接，即“我要查询”，如图 4—23 所示。

（2）托运单号的填写与查询。弹出“小件快运托运单查询”界面。在该弹出的界面文本框内填入小件快运托运单号（本月）的后 8 位，如托运单号为“112084545”，则只需填入“12084545”。在填好托运单号后，点击“查询”，弹出“查询结果”界面。

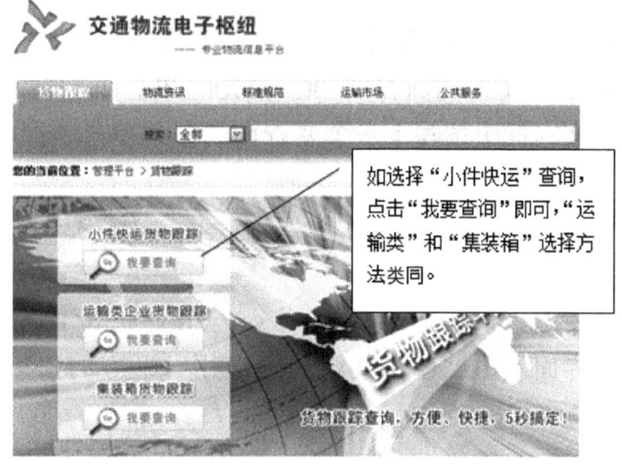

图 4—23　“货物跟踪”界面

（3）托运单显示。在弹出的“查询结果”界面中，点击红色字体“显示”，显示出托运单的详细信息；点击“隐藏”，隐藏托运单的详细信息。

（4）快运托运继续查询。在“小件快运托运单查询”界面中，点击“重置”，清空文本框内容，在空文本框中填写下一个要查询的托运单号，即可显示下一条托运跟踪信息。

2. 普通运输查询

（1）进入“运输类企业货物跟踪”查询模块。点击“运输类企业货物跟踪”链接，即“我要查询”，即可进入货物跟踪查询模块，操作类同“小件快运货物跟踪”的查询。

（2）托运单号的填写与查询。在弹出的“运输类企业货物跟踪托运单查询”界面的文本框内，填入运输类企业托运单号（本月）的后 8 位。如托运单号为“C0200912080000118”，则只需填写“80000118”即可。完成托运单号的输入后，点击“查询”按钮，进入查询界面。

（3）托运单显示。在弹出的“查询结果”界面中，点击红色字体“显示”，显示出托运单的详细信息；点击“隐藏”，隐藏托运单的详细信息。

（4）普通运输业务继续查询。在“运输类企业托运单查询”界面中，点击“重置”，清空文本框内容。在空文本框中填写下一个要查询的托运单号，即可显示下一条托运跟踪信息。

3. 集装箱查询

（1）进入“集装箱货物跟踪”查询模块。点击“集装箱货物跟踪”链接，即“我要查询”，即可进入集装箱货物跟踪查询模块，操作类同“小件快运货物跟踪”的查询。

（2）提单号填写与查询。在弹出的“集装箱货物跟踪托运单查询”界面的文本框内，填入集装箱提单号（本月）的后 8 位。如提单号为“ADC20091224”，则输入“20091224”即可。完成提单的输入后，点击“查询”按钮，进入查询界面。

（3）托运信息显示。在弹出的“查询结果”界面中，点击红色字体“显示”，显示托运单的详细信息；点击“隐藏”，隐藏托运单的详细信息。

（4）集装箱货物托运继续查询。在“集装箱托运单查询”界面中，点击“重置”，清空文本框内容。在空文本框中填写下一个要查询的提单单号，即可显示下一条托运跟踪信息。

（五）运输市场信息查询

在网页地址栏中输入 http：//www.logink.org/zjhy/web/，进入浙江省交通运输物流公共信息系统，点击界面左边“N 个物流公共应用”下方的“车货交易”，进入“车货交易”模块界面。

1. 车源信息查询

在“车货交易”模块界面中，左键点击“车源”按钮，在打开网页中的“地区范围”、“日期范围”、“发布企业”中输入查询条件。

（1）地区范围。“地区范围”的填写，例如：始发地—河南安阳、目的地—广东惠州。

（2）日期范围。在“日期范围”的“起始日期”栏中左键双击鼠标，在弹出窗口中“年限”的下拉按钮中选择“起始年限”，然后用同样的方法选择“起始月份”，在年月下方的日期中点击具体的起始日期。“截止日期”的操作方法与“起始时间”的操作方法类同，不再赘述。例如：起始日期为 2010－01－01，截止日期为 2010－01－11。如图 4—24 所示。

（3）发布企业。在“发布企业”栏中，输入所要查询的企业。

（4）车源搜索与显示。在查询条件设置完成后，左键点击“搜索”，即可在“所有车源”、“四方物流”、“义乌场站”或“系统平台”中把所要查询的车源信息列在下方，如图 4—24 所示。如果要求车源信息以“发布日期降序”或“截止日期升序”、“截止日期降序”或“发布日期升序”的方式显示，则在车源显示标题栏中选择相应的显示方式即可。

图 4—24 车源信息查询

(5) 车源信息选择。若要查看某一车源信息，点击该车源信息栏右方的“查看”图标，即可进入该车源信息的界面，如图 4—24 所示。

(6) 车源详细信息。在“车源信息”界面，可以浏览该车源的详细信息，如车辆类型、车牌号、载重量、车长、服务类型、是否有 GPS、运价、信息有效截止时间、公司名称、联系人、联系电话。如需要该“车源信息”，可以点击“打印”按钮；如不需要该信息，点击“关闭”按钮或点击界面右上角的关闭图标，即可关闭该界面。

2. 货源信息查询

在“车货交易”模块界面中，左键点击“货源”按钮，在打开网页中的“地区范围”、“日期范围”、“货物名称”中输入查询条件，其操作同车源信息查询。例如：地区范围：始发地—浙江台州，目的地—山东济南。日期范围：起始日期为 2010 - 01 - 04，截止日期为 2010 - 01 - 27。货物名称的关键字：半挂。

3. 专线信息查询

在“车货交易”模块界面中，左键点击“专线”按钮，在打开网页中的“地区范围”、“日期范围”、“专线名称”中输入查询条件，其操作同车源信息查询。例如：地区范围：始发地—上海，目的地—北京。日期范围：起始日期为 2010 - 01 - 01，截止日期为 2010 - 01 - 27。专线名称：上海—北京。

4. 设备信息查询

在“车货交易”模块界面中，左键点击“设备”按钮，在打开网页中的“日期范围”、“设备名称”中输入查询条件，其操作同车源信息查询。例如：日期范围：起始日期为 2009 - 05 - 05，截止日期为 2010 - 01 - 27。设备名称：叉车。

5. 仓库信息查询

在“车货交易”模块界面中，左键点击“设备”按钮，在打开网页中的“日期范围”、“具体位置”、“仓库名称”中输入查询条件，其操作同车源信息查询。例如：日期范围：起始日期为 2010 - 01 - 01，截止日期为 2010 - 01 - 27。具体位置的关键字：杭州。仓库名称的关键字：临安台风托运部。

任务5 各种物流公共信息平台的使用

为了提高物流信息化的整体发展水平，整合社会资源、降低企业的市场风险、提高企业的经营管理效率，通过信息技术解决与物流活动有关的信息采集、信息传输和信息共享问题，很多企业、行业协会和政府部门建立了企业内部、区域级、省级甚至全国级的物流公共信息平台。通过这些物流公共信息平台，制造业、物流业、商业等各行各业和交通、港口、海关、银行等得以协同工作，物流得以真正畅通无阻地流动起来。这些物流公共信息平台为政府职能部门、政府管理部门、广大物流企业提供了大量的物流信息服务，为推动物流业的发展起到了积极的作用。根据其层次的不同，各种物流平台的组成部分和表现形式也是多种多样的，本任务针对各种物流公共信息平台的使用方法和技能进行实训。

一、任务描述

通过实训，要求学生了解各种物流公共信息平台的作用，熟悉这些平台的基本功能、基本模块，掌握物流信息系统的应用操作；要求学生利用这些平台解决物流各个环节涉及的问题，提高信息应用能力，提高物流信息交换效率，提高管理和决策水平。

二、实训目标

(1) 了解各种物流公共信息平台的作用和基本功能。

（2）熟悉各种物流公共信息平台的基本模块，掌握其应用操作。

（3）学会利用物流公共信息平台解决物流各个环节涉及的问题，提高管理水平。

三、实训任务

将学生分为若干组，各组选出一个负责人，由负责人组织小组成员讨论并确定组内分工，通过分工合作完成小组任务，最后提交实训报告。具体任务和操作步骤如表4—14所示。

表 4—14　　各种物流公共信息平台的使用实施与操作表

操作 作业内容	小组任务	操作指导
各种物流公共信息平台的使用	了解各种物流信息平台的作用，熟悉这些平台的基本功能、基本模块，掌握物流信息系统的应用操作，学会利用这些平台解决物流各个环节涉及的问题	利用信息系统软件，或者访问各种物流公共信息平台网站，通过实际操作让学生学会有效应用这些平台的资源

四、工作准备

（1）划分小组，各小组进行组员分工，明确各组员的职责；

（2）制定项目的实施方案，制订工作进度安排计划；

（3）配置相关信息系统实训软件和计算机网络等实训设备。

五、考核评价

采用形成式评价与过程考核、小组成果与个人成果相结合的方式，把基础理论知识、实践动手技能、教学参与度结合起来进行考核，考核主要通过活动过程、工作成果、个人表现及总结三个方面进行体现。其中，过程考核主要考查学生的工作态度、效率、规范性、安全性等，占 30 分，以小组考核为主；成果考核主要考查学生的学习质量，以小组成果为主，占 50 分，以教师考核为主；个人部分主要考查学生的个人能力，占 20 分。完成任务后，各小组组长负责填写各种物流公共信息平台的使用实训工作测评表，如表 4—15 所示。

表 4—15　　各种物流公共信息平台的使用实训工作测评表

组别/姓名			班级	
测评地点			日期	
项目名称	信息管理业务实训			
任务名称	各种物流公共信息平台的使用			
测评项目	评价标准	分值	本组评分	教师评价

过程评分（30 分）	参与工作的积极性	15		
	小组内合理分工与合作	15		
成果评分（50 分）	各种物流公共信息平台各功能模块使用的正确性	25		
	利用各种物流公共信息平台解决实际问题方案设计的合理性	25		
个人总结（20 分）				

六、实训指导

任务的实施与操作会涉及相关的理论知识，需要查找相关的资料，对这些资料的学习和对相关作业环节与具体内容的了解，有助于实训任务的顺利完成和活动成果的总结。设计平台应用任务，并根据任务设计实训方案。

（一）中国物通网的使用

1. 会员注册

（1）进入“中国物通网”首页。在浏览器地址栏中输入 www.chinawutong.com，即可打开“中国物通网”首页，点击“注册”按钮，进入“会员注册”界面。

（2）输入会员信息。在“会员注册”界面中，输入会员的详细信息，在填写完成后，点击“完成注册”图标，如图 4—25 所示。

在完成注册后即可进入“会员中心”界面，也可以在“中国物通网”首页输入会员名、密码进行登录，对“网点管理”、“国际物流”、“信息管理区”、“财务管理”等模块进行维护。

2. 会员网点管理

（1）网点维护。在“网点管理区”模块，可以对“省份网点”、“县市网点”、“我的专线”信息进行维护。如对网点进行处理，首先对“省份网点”进行处理，在所需布点的省份前面的方框打“√”。然后对“县市网点”进行操作，完成后点击“提交”按钮。如图 4—26 所示，布点省份包括北京市、黑龙江省、浙江省、福建省。

（2）专线维护。在“网点管理区”模块中选择“发布我的专线”，进入“专线维护”界面。在“出发网点”下拉菜单中选择具体的出发网点，在下方的“到达网点”中选择具体的到达网点，如图 4—27 所示。不过需要注意，专线维护必须在“省份网点”、“县市网点”完成后进行维护。例如，出发网点：北京市—北京辖区—市辖区；到达网点：浙江省—杭州市—上城区。

在完成网点信息的维护后，点击下方的“开通”按钮，则专线正式生效。如要显示专线信息，可点击“管理我的专线”任务栏，即可显示。如要删除该专线，即可在该专线信息栏右方，点击“删除”按钮。

在方框中输入
会员信息

请输入账号信息

＊会员登录名：wuliu518　必须使用3位到13位的数字0-9或字母a-z、A-Z字符组合

＊输入登录密码：●●●●●●　请选用易记但又不容易被别人猜到的字符作为您的密码

＊确认登录密码：●●●●●●　为了确保您输入的密码正确，请再次输入密码

＊注册人姓名：吴先生　为了更好地为您服务，请正确输入您的姓名

＊注册人电话：0571-82733112　请正确输入您的电话号码，例如：400-6578069

＊验证码：0432　0432　输入显示的数字。

"验证码"输入错误

请选择会员类型

物流公司　快件公司　搬家公司　车主　货源提供商

提示：
物流公司会员可发布公司网点信息、物流专线、海运运价、空运运价、招商信息等。

物流公司

温馨提示：填写的会员信息越详细，客户越容易联系您。

＊公司名称：纵横物流　营业执照号码：

法人代表：吴先生　成立时间：2007-01-03　＊总部所在地：浙江省-杭州市-市辖区

＊总部地址：杭州　公司电子邮件：

＊总部电话：0571-82733112　总部传真：

图 4—25　“会员注册”界面

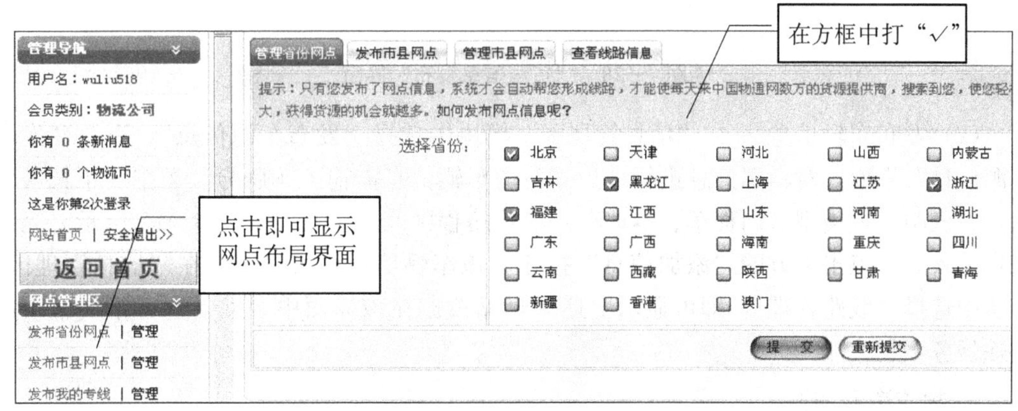

图 4—26　“网点发布与维护”界面

3. 信息管理区维护

（1）发布货源信息 。在“信息管理区”模块中选择“发布货源信息”，进入“发布货源信息”界面，对货源信息进行维护，如出发地、到达地、货物名称、联系人、联系电话等信息，如图 4—28 所示。完成对信息的处理后，点击“提交”按钮，则该货源信息发布生效。

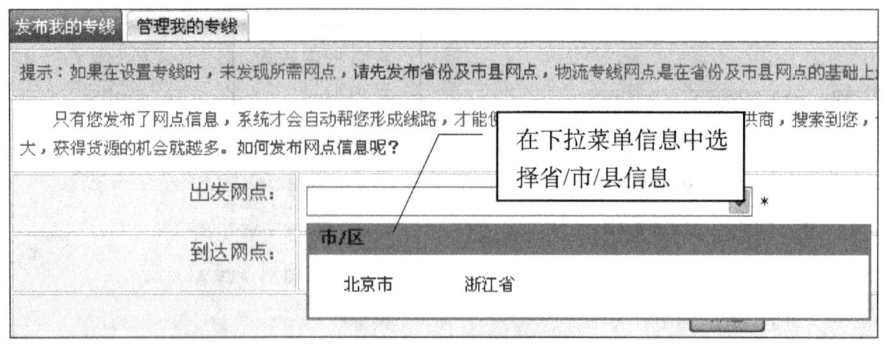

图 4—27 “专线维护”界面

图 4—28 “货源信息发布”界面

（2）发布车辆信息 。在“信息管理区”模块中选择“发布车源信息”，进入“发布车源信息”界面，对车源信息进行维护。新增车辆信息需输入车牌号、车主、车长等信息，并说明车辆类型（回程车、本地车）以及路程区间等信息，如图 4—29 所示。完成信息输入后，点击下方的“添加信息”按钮，该车辆信息即可发布。在“信息管理区”模块中选择“线路管理”，即可显示上述车辆路线。在该界面中，可以进行路线编辑或删除任务。

4. 物流资源查询

（1）承运方查询。如货主要寻找承运物流公司，可以在“会员中心”界面的任务栏中点击“发货找物流公司”，在下方的“物流信息查询”下拉菜单中选择出发地、到达地。例如，出发地：浙江省—杭州市—市辖区；到达地：北京市—北京辖区—市辖区。完成后，点击“检索”按钮，即可显示相关物流公司的信息。如要详细了解某物流公司的信息，则可点击该公司信息栏中的“详细信息”，即可详细显示，如图 4—30 所示。

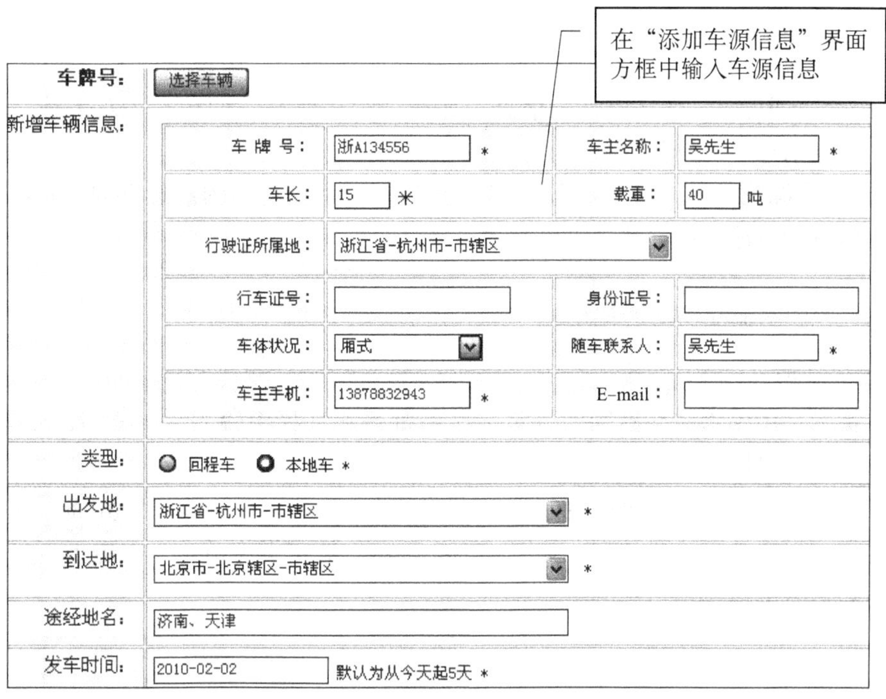

图 4—29　“车辆信息发布”界面

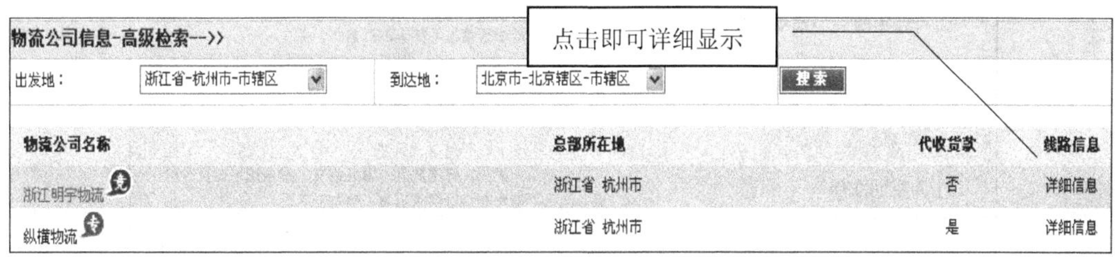

图 4—30　“承运方信息查询”界面

（2）货源查询。在“会员中心”界面的任务栏中点击“物流公司找货源”，进入“货源查询”界面。在“出发地”和“到达地”下拉菜单中选择所在地，再点击“搜索”，即可显示所需查询的信息，如图 4—31 所示。如要详细了解某货源信息，双击该货源信息栏中的“详细信息”，即可详细显示。

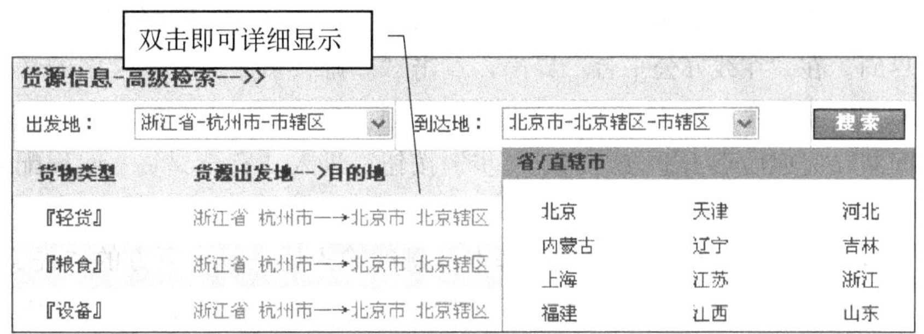

图 4—31　“货源信息查询”界面

（3）配货找车。在“会员中心”界面的任务栏中点击“配货找车”，进入该查询界面，在“出发地”和“到达地”下拉菜单中选择所在地，并用键盘输入“途经地”，再点击“搜索”，即可显示所需查询的信息。如要详细了解某车源信息，双击该车源信息栏中的“详细信息”，即可详细显示。

此外，“车源找货”、“发快件”、“找快件”、“搬家信息”的信息查询，基本与上述几种信息的查询方法类同，此处不再赘述。

（二） 中国物流交易网的使用

1. 会员注册

（1）进入“中国物流交易网”首页。在浏览器地址栏中输入 www.56135.com，进入“中国物流交易网”首页。

（2）会员注册。点击首页中的“新会员注册”，进入“会员注册”界面。在“会员注册”界面，可以选择注册类型，如图 4—32 所示。选定类型后，再点击下方的“下一步”按钮，进入会员具体信息的输入界面。

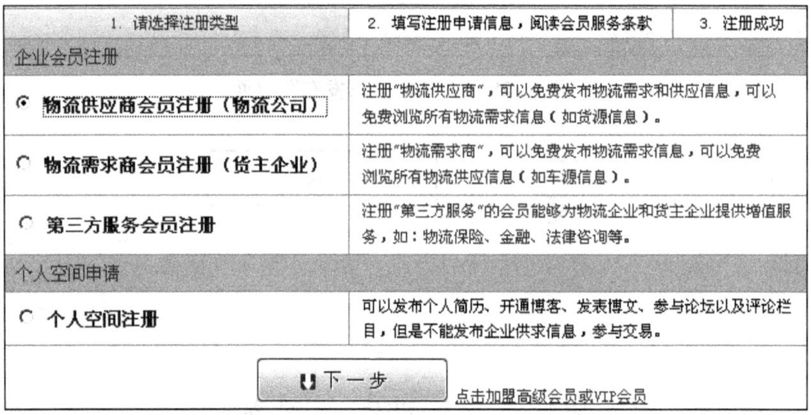

1. 请选择注册类型	2. 填写注册申请信息，阅读会员服务条款	3. 注册成功
企业会员注册		
◉ 物流供应商会员注册（物流公司）	注册“物流供应商”，可以免费发布物流需求和供应信息，可以免费浏览所有物流需求信息（如货源信息）。	
○ 物流需求商会员注册（货主企业）	注册“物流需求商”，可以免费发布物流需求信息，可以免费浏览所有物流供应信息（如车源信息）。	
○ 第三方服务会员注册	注册“第三方服务”的会员能够为物流企业和货主企业提供增值服务，如：物流保险、金融、法律咨询等。	
个人空间申请		
○ 个人空间注册	可以发布个人简历、开通博客、发表博文、参与论坛以及评论栏目，但是不能发布企业供求信息，参与交易。	
下一步	点击加盟高级会员或VIP会员	

图 4—32 “注册类型选择”界面

在“会员信息”界面中，输入基本会员信息。完成信息输入后，点击下方的“提交注册”按钮。

2. 发布供求信息

在该网站首页输入注册用户名和密码，点击“登录”。点击“我的办公平台”，即可进入办公界面。在“在线办公平台”界面，点击“基础会员服务专区”中的“发布供求信息”，即可发布与管理供求信息，如图 4—33 所示。例如，选择信息类别：有车寻货—回程配载。完成后点击下方的“下一步”按钮，进入“有车寻货—回程配载”基本信息的输入界面。

完成“有车寻货—回程配载”界面基本信息的输入后，点击下方的“提交”按钮，等待网站信息维护人员对信息的审核。如审核通过，则该“有车寻货—回程配载”信息正式发布，如图 4—34 所示。

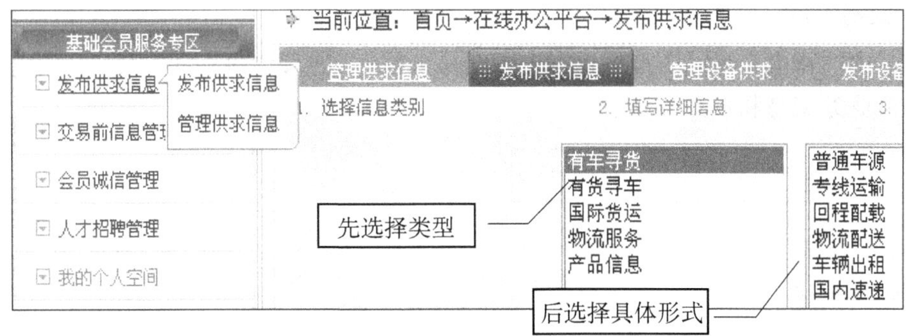

图 4—33　“发布有车寻货信息”界面

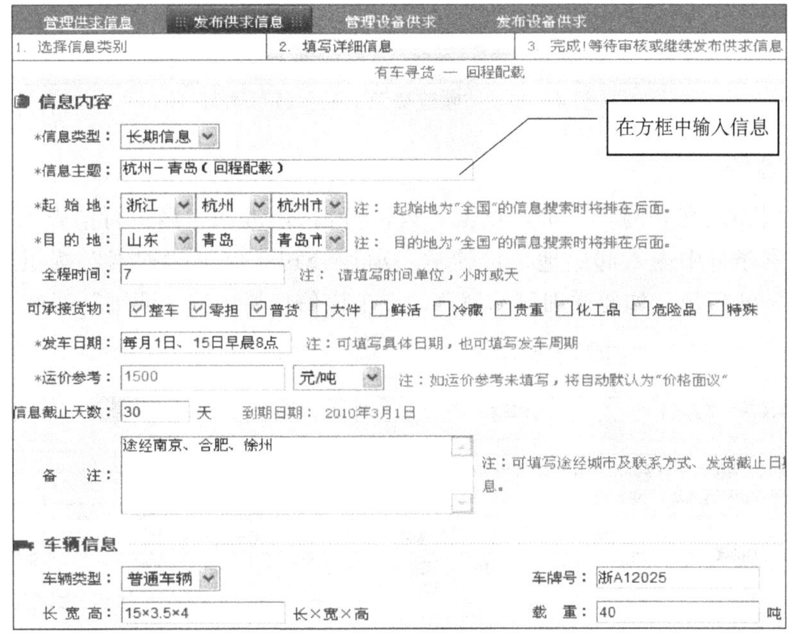

图 4—34　“发布车源信息”界面

3. 货运供求查询

在“中国物流交易网”首页，点击“物流供求”，即可进入查询界面。在“物流供求查询”界面，输入搜索类别、发布日期、起运地、目的地，点击“检索”按钮，查询结果即可显示。例如，检索类别：物流服务专线运输；发布日期：2009－01－01至2010－01－31；起运地：北京；目的地：日照。

如需要其他物流服务，可点击“物流供应分类信息”下方的查询模块。如需查看某具体的供求信息，可选中该信息，点击“显示”按钮。如需利用该信息开展业务、参与竞标，则点击“参与竞标”按钮，进入“竞标信息输入”界面，输入竞标价格、交易内容等信息。完成信息输入后，点击“提交”按钮，则交易申请完成，等待对方通过申请。

4. 交易大厅

在“中国物流交易网”首页，点击“交易大厅”，进入“物流资源交易大厅”，即可参与物流业务交易和发布交易信息，如图 4—35 所示。

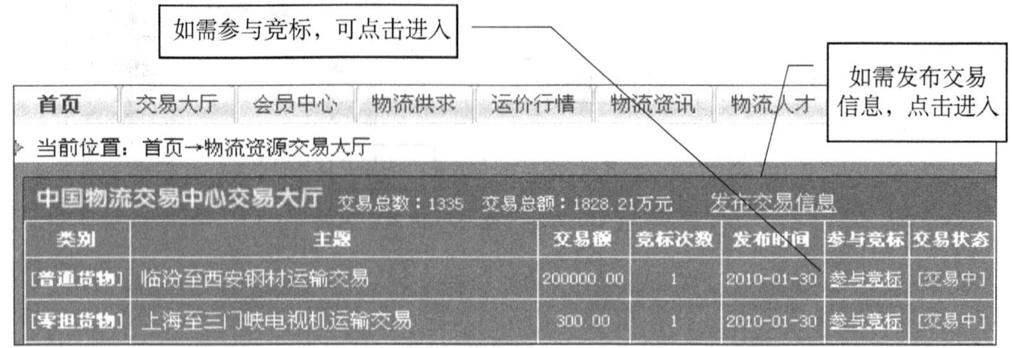

图 4—35 “物流资源交易业务”界面

5. 运价查询

在“中国物流交易网”首页，点击“运价行情”，进入“运价行情查询”界面。在运价行情搜索条件中输入起始地、目的地、承运公司，点击“搜索”按钮进行运价查询，如图 4—36 所示。如要详细显示信息，点击该信息栏中的“明细”即可。

运价行情

运价行情搜索 起始地：北京 目的地：上海 承运公司： 搜索

输入查询条件

运价=基价+（总重量-首重）*续价；当首重和基价为“-”（首重、基价均为0）时，运价=总重量*续价。
（此运价根据市场行情变动，仅供参考！）

起始地	目的地	重货			泡货			整车(元/车)			承运公司
		首重(KG)	基价(元)	续价(元)	首体积(m^3)	基价(元)	续价(元)	6.8米	9.6米	12.5米	
北京	上海	-	-	1.20	-	-	140.00	-	-	-	北京天时达货运有限责任公司
北京	上海	-	-	0.80	-	-	140.00	-	-	-	北京东兴飞驰物流有限公司

图 4—36 “运价查询”界面

在运价详细显示的界面，如要与物流提供商开展物流业务，点击下方的“申请交易”按钮。进入“申请交易”界面，输入交易主题、详细信息、运价描述、企业名称以及联系方式，并点击“提交”按钮。

项目五
装卸搬运业务实训

根据国家标准（GB/T 18354—2001），装卸（搬运）是指物品在指定地点以人力或机器装入运输设备或卸下的活动。装卸（搬运）是物流过程中对于保管物资和运输两端物资的处理活动，具体来说，包括物资的装载、卸载、移动，货物堆码上架、取货、备货、分拣等作业以及附属于这些活动的作业。

任务 1
货物堆垛操作

仓储过程中，货物的堆垛方式、堆垛层数不仅对仓库利用率、托盘利用率有影响，也是安全操作的关键。熟悉货物堆垛是每一个从事入库操作人员必须具备的业务技能，也是仓库现场运营的基础。

一、任务描述

熟悉货物堆垛操作是掌握搬运、装卸技能的基础，本任务要求学生通过采取实际操作、资料查找等方式来掌握各类托盘的属性和货物堆码要求的相关知识，以达到实训的目的。

二、实训目标

熟悉各类托盘的属性，掌握货物堆垛要求。

三、实训任务

将学生分为若干组，各组选出一个负责人，由负责人组织小组成员讨论并确定组内分工，通过分工合作完成小组任务，具体任务和操作步骤如表 5—1 所示。

表 5—1 货物堆垛操作实施与操作表

操作 作业内容	小组任务	操作指导
货物堆垛操作	进行货物堆垛的实际操作： (1) 比较 3 种以上托盘的特性； (2) 画出 10 种以上不同种类商品的堆垛图； (3) 描述货物堆垛的安全操作要点	通过实际操作，查询互联网、图书资料等方式，熟悉各类托盘的属性，掌握货物堆码的要求

四、工作准备

（1）划分小组，各小组进行组员分工，明确各组员的职责；
（2）制定项目的实施方案，制订工作进度安排计划；
（3）做好对企业进行调研的准备工作，如准备调查问卷等；
（4）相关的工具书，多媒体教室，互联网等；
（5）画图工具，如笔、纸、尺子等。

五、考核评价

采用形成式评价与过程考核、小组成果与个人成果相结合的方式，把基础理论知识、实践动手技能、教学参与度结合起来进行考核，考核主要通过活动过程、工作成果、个人表现及总结三个方面进行体现。其中，过程考核主要考查学生的工作态度、效率、规范性、安全性等，占 30 分，以小组考核为主；成果考核主要考查学生的学习质量，以小组成果为主，占 50 分，以教师考核为主；个人部分主要考查学生的个人能力，占 20 分。完成任务后，各小组组长负责填写货物堆垛操作工作测评表，具体如表 5—2 所示。

表 5—2　　货物堆垛操作工作测评表

组别/姓名			班级	
测评地点			日期	
项目名称	装卸搬运业务实训			
任务名称	货物堆垛操作			
测评项目	评价标准	分值	本组评分	教师评价
过程评分（30 分）	参与调研工作的积极性	10		
	小组内合理分工与合作	10		
	个人成果的逻辑性	10		
成果评分（50 分）	托盘特性描述完整	10		
	堆垛图、操作要点正确	10		
	实训操作情况	20		
	实训报告	10		
个人总结（20 分）				

六、实训指导

任务的实施与操作会涉及相关的理论知识，需要查找相关的资料，对这些资料的学习和对相关作业环节与具体内容的了解，有助于实训任务的顺利完成和活动成果的总结。

（一）堆放的一般性原则

（1）多利用货仓空间，尽量采取立体堆放方式，以提高货仓的使用率。

（2）利用机器装卸，如使用加高机等，以增加物料堆放的空间。

（3）通道应有适当的宽度，并保持装卸空间，以保证物料搬运的顺畅，同时不影响物料装卸的工作效率。

（4）不同的物料应依物料本身的形状、性质、价值等采用不同的堆放方式。

（5）物料的仓储要遵循先进先出的原则。

（6）物料的堆放要便于读取储存数量。

（7）物料的堆放应便于识别与检查，良品、不良品以及呆料、废料应分开堆放。

（二）物料堆放的方法

1. 五五堆放法

（1）要求。根据各种物料的特性做到“五五成行，五五成方，五五成串，五五成堆，五五成层”，使物料叠放整齐，便于点数、盘点和取送。

（2）适用范围。此方法适用于品形较大、外形规则的物料。

2. 六号定位法

（1）要求。按库号、仓位号、货架号、层号、订单号、物品编号这六号，对物料进行归类叠放，登记造册，并填制物料储位图，以便于迅速查找物料的存储位置。

（2）适用范围。此方法适用于体积较小、用规则容器盛装且品种较少的物料。

3. 托盘化管理法

（1）要求。将物料码放在托盘上、卡板上或托箱中，便于成盘、成板、成箱地叠放和运输，有利于叉车将物料整体移动，提高物料的保管和搬运效率。

（2）适用范围。此方法适用于机械化仓库作业。

4. 分类管理法

将品种繁多的物料，按重要程度、进出仓率、价值大小、资金占用情况进行分类，并放置在不同类别的库区，然后采用不同的管理规定，做到重点管理、兼顾一般。

（三）物料堆放的注意事项

（1）三层以上要骑缝堆放，即相邻层面间箱体要互压，箱体间相互联系、合为一体，这样可防止物料偏斜、摔倒。

（2）堆放的物料不能超出卡板，即堆放的物料要小于卡板尺寸，要求受力均衡，不要落空，这样可防止碰撞、损坏纸箱。

（3）遵守层数限制，即纸箱上有层数限制标志的，要求按层数标志堆放，不要超限，以防压垮纸箱、挤压物料。

（4）不要倒放物料，即纸箱上有箭头指示方向的，要求按箭头指向堆放，不要倒放或斜放，以防箱内物料相互挤压。

（5）纸箱已变形的不能堆放，如果纸箱外部有明显的折痕，则不能堆放。受损的纸箱要独立放置，以防箱内物料受挤压。

（6）纸箱间的缝隙不能过大，即同层纸箱要有间隔距离，因为纸箱的尺寸可能不一样。堆放要求是最大缝隙应不能大于纸箱，以防箱内物料受挤压。

（四）特殊物料的堆放

特殊物料是指易燃、易爆、剧毒、放射性、挥发性、腐蚀性等危险物品，它们的堆放原则因物而异，但也有一些共性原则，具体如下：

（1）危险物料不能混放，如易燃、易爆品等不能同剧毒品放在一起。

（2）危险物料最好不要堆放，一定要堆放时必须严格控制数量。

（3）堆放时一定要确认并保持其原包装状态良好。

（4）特殊物料不能骑缝堆放。

（5）特殊物料不能倚靠其他物料堆放。

（6）特殊物料的堆垛之间必须有适当的间距。

（7）放置在货架上的特殊物料不能堆放。

（8）对存放区域周围须无影响。

（五）堆垛图示例

堆垛图示例如表 5—3 所示。

表 5—3　　堆垛图示例

No. 1	货品名称	A	各层数堆垛示意图			
	包装方式	纸箱	第一层	第二层	第三层	第四层
	货品尺寸	长：380 mm 宽：200 mm 高：400 mm	—｜｜	｜——	—｜｜	｜——
	堆垛层数	4	｜——	—｜｜	｜——	—｜｜
	单层个数	6				
No. 2	货品名称	B	各层数堆垛示意图			
	包装方式	塑料箱	第一层	第二层	第三层	第四层
	货品尺寸	长：400 mm 宽：200 mm 高：200 mm	｜｜｜	—— ——	｜｜｜	—— ——
	堆垛层数	4	｜｜｜	——	｜｜｜	——
	单层个数	6				

任务 2
装卸（搬运）安全方法教程编制

现代物流对于装卸（搬运）操作有了更加科学的研究，对操作中的每一个步骤都进行分析，一改装卸（搬运）依靠的是蛮力、狠劲的观念，将人体工程学原理、人员作业强度指标融入其中，为的是尽可能避免工伤事故的发生，使得装卸（搬运）操作更加安全、便利、高效。

一、任务描述

熟悉装卸（搬运）的安全工作方法是指导一线人员进行操作的前提，也是保证工作顺利进行的根本。本任务将以一名操作培训师为例，采取调研、资料查找等方式并结合任务 1 的货物堆垛操作来讲解装卸（搬运）的安全工作方法，以达到实训的目的。

二、实训目标

能够编制装卸（搬运）安全方法教程。

三、实训任务

将学生分为若干组，各组选出一个负责人，由负责人组织小组成员讨论并确定组内分工，通过分工合作完成小组任务，具体任务和操作步骤如表 5—4 所示。

表 5—4　装卸（搬运）安全方法教程编制实施与操作表

操作 作业内容	小组任务	操作指导
编制装卸（搬运）安全方法教程	使用 PowerPoint 软件编制装卸（搬运）安全方法教程	通过查询互联网、图书资料，结合已经完成的任务 1，编制装卸（搬运）安全方法教程，以便对操作人员，特别是新员工进行培训

四、工作准备

（1）划分小组，各小组进行组员分工，明确各组员的职责；
（2）制定项目的实施方案，制订工作进度安排计划；
（3）做好对企业进行调研的准备工作，如准备调查问卷等；
（4）相关的工具书，互联网等。

五、考核评价

采用形成式评价与过程考核、小组成果与个人成果相结合的方式，把基础理论知识、实践动手技能、教学参与度结合起来进行考核，考核主要通过活动过程、工作成果、个人表现及总结三个方面进行体现。其中，过程考核主要考查学生的工作态度、效率、规范性、安全性等，占 30 分，以小组考核为主；成果考核主要考查学生的学习质量，以小组成果为主，占 50 分，以教师考核为主；个人部分主要考查学生的个人能力，占 20 分。完成任务后，各小组组长负责填写装卸（搬运）安全方法教程编制工作测评表，如表 5—5 所示。

表 5—5　　装卸（搬运）安全方法教程编制工作测评表

组别/姓名			班级	
测评地点			日期	
项目名称	装卸搬运业务实训			
任务名称	装卸（搬运）安全方法教程编制			
测评项目	评价标准	分值	本组评分	教师评价
过程评分（30 分）	参与调研工作的积极性	10		
	小组内合理分工与合作	10		
	个人成果的逻辑性	10		
成果评分（50 分）	安全方法教程的内容真实	20		
	成果条理清楚、逻辑性强	20		
	实训报告	10		
个人总结（20 分）				

六、实训指导

任务的实施与操作会涉及相关的理论知识，需要查找相关的资料，对这些资料的学习和对相关作业环节与具体内容的了解，有助于实训任务的顺利完成和活动成果的总结。

编制装卸（搬运）安全工作方法教程的要点如下：

（1）教程编制的过程中必须体现编制教程的目的是实现安全、高效操作，避免工伤事故。

（2）使用 PowerPoint 软件能够一改原有培训中只有文字的枯燥乏味。

（3）从事装卸（搬运）的操作人员一般文化程度并不高，教程中尽可能采用图片、动画等方式让人在轻松、愉悦的环境中享受通俗易懂的学习过程。

（4）教程中需要插入一些科学的数据，以充分证明教程的严谨性、实用性，可以参考图 5—1 以及表 5—6 至表 5—8。

（5）教程中可以设计提问环节，以加深受训者的印象。

（6）教程的编写者必须能够亲自为受训者示范操作技巧，可以参考表 5—9。

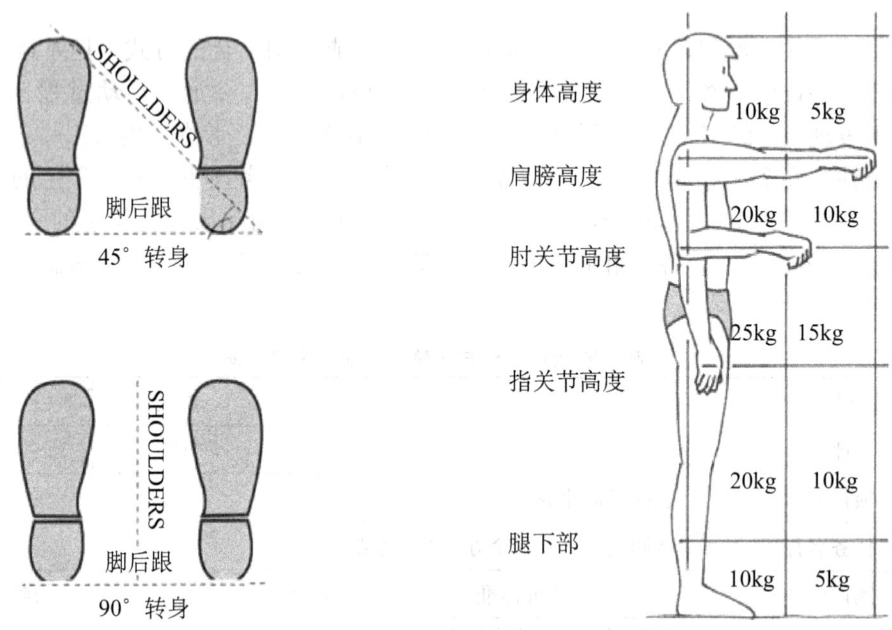

图 5—1 个人承载力示意图

表 5—6 国家规定的体力搬运重量限值

性别	搬运类别	单位	搬运方式		
			搬	扛	推或拉
男	单次重量	kg	15	50	300
	全日重量	t	18	20	30
	全日搬运重量和相应步行距离的乘积	tm	90	300	3 000
女	单次重量	kg	10	20	200
	全日重量	t	8	10	16
	全日搬运重量和相应步行距离的乘积	tm	40	150	1 600

表 5—7 搬运频率与距离

(1) 在下列条件下每小时搬运 30 次： ● 非强制性搬运节奏； ● 可间歇性休息； ● 负载时间不长。 (2) 若每分钟搬运 1～2 次，则搬运频率应减少 30%。 (3) 若每分钟搬运 5～8 次，则搬运频率应减少 50%。 (4) 若每分钟搬运 12 次以上，则搬运频率应减少 80%。 (5) 连续搬运距离应小于 10 米。 (6) 若搬运时无须身体起重负载，搬运距离可大于 10 米。

表 5—8 装卸搬运安全要点提示

(1) 搬运重物之前，应采取防护措施，戴防护手套、穿防护鞋等，衣着要合体轻便。 (2) 搬运重物之前，检查物体上是否有钉、尖片等物，以免造成损伤。 (3) 应用手掌紧握物体，不可只用手指抓住物体，以免脱落。 (4) 靠近物体，将身体蹲下，用伸直双腿的力量，不要用背脊的力量，缓慢平稳地将物体搬起，不要突然猛举或扭转躯干。 (5) 当传送重物时，应移动双脚而不是扭转腰部。当需要同时提起和传递重物时，应先将脚指向欲搬往的方向，然后再搬运。 (6) 不要一下子将重物提至腰以上的高度，而应先将重物放于半腰高的工作台或适当的地方，纠正好手掌的位置，然后再搬起。 (7) 搬运重物时，应特别小心工作台、斜坡、楼梯及一些易滑倒的地方，经过门口搬运重物时，应确保门的宽度，以防撞伤或擦伤手指。

表 5—9 货物搬运八要素

说明	图示
1. 站好位置 身体略微前倾，保持平衡及稳定，严禁身体所站立位置处于危险中。	
2. 摆好脚位 两脚分开，保持平衡及稳定，将腿尽可能靠前，避免双腿并拢。	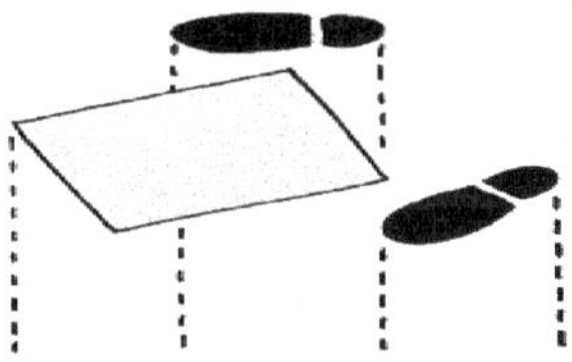

3. 采用正确的姿势 弯膝，当抓握负重时，使双手高度尽可能与腰部位置一致，不要跪倒或过度放松膝盖，挺直腰部（用力收紧下巴），身体稍倾靠前，抓好负重，保持肩膀平衡并使其与髋骨处于同一方向，严禁腰部弯曲。	
4. 抓牢负重 将双臂放在双腿内，抓牢把手或负重，严禁未将货物抓牢便提起，避免双腿并立，增加负重。	
5. 不要急促将负重抬起 慢慢抬起并控制好负重，严禁将负重仓促提起。	
6. 移动双脚 当转身时，不要扭转躯干。	
7. 身体靠近负重 保持较重一侧靠近身体，严禁将较重物体一侧靠向身体外侧。	
8. 放下负重，然后调整 将负重放下，然后将其推至指定位置。	

任务3
装卸（搬运）过程中应急事件处置方案编写

现场运营过程中，突发事件不可避免。历史事故教训表明，在完全有准备的条件下有效开展应急救援工作，可以最大幅度地减少人员伤亡和财产损失，而在事故发生前预先制定科学有效的应急处置方案尤为重要。本任务以装卸（搬运）为背景进行技能实训。

一、任务描述

编写应急处置方案是现场运营管理人员对于紧急事件处置的基础，本任务采取调研、资料查找等方式来实践应急处置方案的编写，以达到实训的目的。

二、实训目标

能够编写装卸（搬运）过程中应急事件的处置方案。

三、实训任务

将学生分为若干组，各组选出一个负责人，由负责人组织小组成员讨论并确定组内分工，通过分工合作完成小组任务，具体任务和操作步骤如表5—10所示。

表5—10　　装卸（搬运）过程中应急事件处置方案编写实施与操作表

操作 作业内容	小组任务	操作指导
装卸（搬运）过程中应急事件处置方案编写	（1）根据所给的资料，编写应急处置方案； （2）处置方案不少于1 000字	通过查询互联网、图书资料等方式掌握应急处置方案的编写方法，从而提高处理突发事件的能力

四、工作准备

（1）划分小组，各小组进行组员分工，明确各组员的职责；

（2）制定项目的实施方案，制订工作进度安排计划；

（3）做好对企业进行调研的准备工作，如准备调查问卷等；

（4）相关的工具书，互联网等。

五、考核评价

采用形成式评价与过程考核、小组成果与个人成果相结合的方式，把基础理论知识、实践动手技能、教学参与度结合起来进行考核，考核主要通过活动过程、工作成果、个人表现及总结三个方面进行体现。其中，过程考核主要考查学生的工作态度、效率、规范性、安全性等，占30分，以小组考核为主；成果考核主要考查学生的学习质量，以小组成果为主，占50分，以教师考核为主；个人部分主要考查学生的个人能力，占20分。完成任务后，各小组组长负责填写装卸（搬运）过程中应急预案编制工作测评表，具体如表5—11所示。

表5—11　　装卸（搬运）过程中应急事件处置方案编写工作测评表

组别/姓名			班级	
测评地点			日期	
项目名称	装卸搬运业务实训			
任务名称	装卸（搬运）过程中应急事件处置方案编写			
测评项目	评价标准	分值	本组评分	教师评价
过程评分（30分）	参与调研工作的积极性	10		
	小组内合理分工与合作	10		
	个人成果的逻辑性	10		
成果评分（50分）	成果条理清楚、逻辑性强	20		
	应急方案处置过程详细	20		
	字数达标、步骤规范	10		
个人总结（20分）				

六、实训指导

根据以下所给资料，编写应急处置方案。

某原料仓库为楼层式仓库，共有五层。目前，该仓库正在进行入库作业，将供应商送达的原材料通过电梯从一楼运送至五楼。突然，仓库附近进行管道施工的挖掘机在作业过程中将电缆挖断，导致仓库停电。此时，运送原材料的电梯在四楼半停止，电梯内有1.2吨重的原材料1托盘，以及电梯司机、搬运人员各1名。人员、物料被困，需要及时解救。

根据以上情况，参考某公司"生产车间危险化学品泄漏应急处置方案"，以"电梯突发故障应急处置方案"为题，编制应急处置方案。

生产车间危险化学品泄漏应急处置方案

一、泄漏源控制

生产过程中危险化学品（简称危化品）泄漏可通过关闭有关阀门、停止作业或采取改变工艺流程、物料走副线等方法，并采用合适的材料和技术手段堵住泄漏处。如果包装桶发生泄漏，应迅速将包装桶移至安全区域并更换。

二、泄漏物处理

少量泄漏可以用不可燃的吸收物质（如沙子、泥土）包容和收集泄漏物，并放在容器中等待处理。大量泄漏可以采用围堤堵截、覆盖、收容等方法，并采取以下措施：

（1）立即报警：及时向环保、卫生等部门报告，并报警。

（2）现场处置：在做好自身防护的基础上，快速实施救援，控制事故发展，并将伤员救出危险区，组织群众撤离，消除事故隐患。

（3）紧急疏散：设立警戒区，将与事故无关的人员疏散到安全地点。

（4）现场急救：救护组选择有利地形设置急救点，做好自身及伤员的个体防护，防止发生继发性损害。

（5）配合有关部门的相关工作。

三、处理泄漏的注意事项

（1）进入现场的人员必须配备必要的个人防护器具；

（2）严禁携带火种进入现场；

（3）应急处理时不要单独行动。

四、应急处置的措施

1. 危化品泄漏的发现和报警

员工或巡逻人员发现车间危化品泄漏时，应在第一时间内采用拨打厂内电话或派人通知的方法，将险情通知危险区域内的人员，同时向车间、公司领导报告，并根据危化品泄漏的严重程度，决定是否立即报警。

2. 进行人员疏散和采取的措施

（1）救援小组按事先分工，进行疏散引导。

1）听到危险警报后，普通生产区人员应先检查泄漏源，并立即切断泄漏管道的总阀门，同时按普通生产区逃生路线迅速撤离至上风口。

2）在洁净区作业的人员，听到危险警报后，不要惊慌，应迅速移动到有安全门的房间，用橡皮榔头敲碎安全门玻璃，然后通过安全门逃离危险区域（洁净走廊、干燥间和结晶间有安全门），按洁净区逃生路线撤离并在车间西北侧空地集中。

3）贮罐区员工应首先关闭泄漏液体的进出阀门，切断泄漏源，然后迅速撤离危险区域。

4）由一人负责清点人数，并向指挥人员报告，如有遗留人员，由所在班（组）的班（组）长在做好自身防护措施的情况下（戴上防毒面具和穿戴防毒服）带电筒进入现场侦查并施救遗留的人员。

（2）生产骨干和义务消防队队员按事先分工迅速切断现场电源和关闭管道阀门，使用消防栓，喷淋泄漏源，稀释空气中危化品的浓度（溶于水的危化品直接用大量的饮用水冲洗稀释，不溶于水的危化品用干粉覆盖液体表面以减少其挥发）。

3. 配合消防部门开展防泄漏工作

（1）引导消防车停靠在适当位置。

（2）向消防队报告泄漏地点的情况（如泄漏物质性质、人员围困情况、周围环境、消防水源、车间平面布置图等）。

（3）配合消防部门防止危化品泄漏。

任务 4
应急事件处置演习计划编制

编写应急事件处置方案只是为开展应急救援工作做好了准备，在没有机会进行实战检验的情况下，演习是提高战斗力，提高各单位间协调、沟通能力，保证畅通无阻，检验设施、装备的完好程度，保证各部门能迅速响应任何突发任务等所必不可少的重要环节。

一、任务描述

编制应急事件处置演习计划是提高现场运营管理人员组织、协调能力及统筹能力的较好途径，本任务采取调研、资料查找等方式来实践应急演习计划的编制，以达到实训的目的。

二、实训目标

能够编制应急事件处置演习计划。

三、实训任务

将学生分为若干组，各组选出一个负责人，由负责人组织小组成员讨论并确定组内分工，通过分工合作完成小组任务，具体任务和操作步骤如表 5—12 所示。

表 5—12　应急事件处置演习计划编制实施与操作表

操作 作业内容	小组任务	操作指导
编制应急事件处置演习计划	根据给出的案例，编制应急事件处置演习计划，不少于 2 000 字	通过查询互联网、图书资料等方式掌握应急事件处置演习计划的编制方法，从而提高组织、协调、统筹能力

四、工作准备

（1）划分小组，各小组进行组员分工，明确各组员的职责；
（2）制定项目的实施方案，制订工作进度安排计划；
（3）做好对企业进行调研的准备工作，比如准备调查问卷等；
（4）相关的工具书，互联网等。

五、考核评价

采用形成式评价与过程考核、小组成果与个人成果相结合的方式，把基础理论知识、实践动手技能、教学参与度结合起来进行考核，考核主要通过活动过程、工作成果、个人表现及总结三个方面进行体现。其中，过程考核主要考查学生的工作态度、效率、规范性、安全性等，占 30 分，以小组考核为主；成果考核主要考查学生的学习质量，以小组成果为主，占 50 分，以教师考核为主；个人部分主要考查学生的个人能力，占 20 分。完成任务后，各小组组长负责填写应急事件处置演习计划编制工作测评表，如表 5—13 所示。

表 5—13　　应急事件处置演习计划编制工作测评表

组别/姓名			班级	
测评地点			日期	
项目名称	装卸搬运业务实训			
任务名称	应急事件处置演习计划编制			
测评项目	评价标准	分值	本组评分	教师评价
过程评分（30 分）	参与调研工作的积极性	10		
	小组内合理分工与合作	10		
	个人成果的逻辑性	10		
成果评分（50 分）	成果条理清楚、逻辑性强	20		
	演习计划过程详细	15		
	演习计划可操作性强	15		
个人总结（20 分）				

六、实训指导

参考某仓库危险化学品泄漏处理演习计划，根据任务 3 装卸（搬运）过程中应急事件处置中完成的应急事件处置方案，编制演习计划。

仓库危化品泄漏应急处理演习计划

一、目的

通过演习提高员工在突发事件状况下的应变处置和协调能力、人员疏散逃生能力、物资转移运输能力以及协同抢险救灾能力。

二、演习时间

2009年10月18日下午14点。

三、演习地点

演习地点为危险化学品仓库。危险化学品仓库的基本概况：该仓库平时存放约200吨的危险化学品；仓库北面及西面均为河，南面为生产车间及公司消防水泵机房，东面为生产车间及公司废品堆场。

四、事故情况设定

2009年10月18日，时间为14:00左右，天气多云，气温为27℃左右，偏东风1级。由于危险品仓库有桶装溶媒桶底泄漏，食用乙醇少量泄漏，库房内有异味，泄漏的食用乙醇开始蔓延。

五、处置步骤和方法

(1) 危险品仓库管理员、叉车驾驶员打开危险品仓库门准备发货时闻到异味，叉车驾驶员立即按下手动险情紧急报警按钮。危险品仓库管理员立即跑到值班室向公司消防应急救援中心、仓库办公室报告，并说明情况。同时，迅速组织人员撤离受污染区域。

(2) 仓库办公室人员接到报告后，迅速通知公司医务室、动力车间、环保车间并说明情况。同时，立即通知仓库经理、仓库主管以及危险品管理员。

(3) 仓库主管接到报告后，迅速赶到事发现场，组织将危险品仓库人员疏散到安全地带，登记、清查人数，同时向仓库经理报告。

(4) 公司消防队（接到报警后用时14分30秒）和公司领导相继到达事发现场，现场指挥人员听取危险品仓库管理员讲述泄漏情况。现场指挥人员视事发状况立即启动突发事件应急救援预案，立即组织人员现场警戒，并展开救援工作。具体如下：

1) 公司消防队现场设置警戒线，防止无关人员进入，同时派出2名消防人员和2名抢救人员。消防人员来到现场连接好消防管道，用雾状水对扩散区进行喷水稀释，防止食用乙醇味道扩散。抢救人员身穿防化服进入事发库房。

2) 抢险人员佩戴防护面具，危险品仓库管理员A、危险品仓库管理员B、设备养护员C、叉车驾驶员D、危险品配送员E由2名消防抢救人员引导，在仓库主管的指导下进入事故现场。由危险品配送员E排查泄漏桶，发现其中一桶底部泄漏，立即将泄漏桶底部朝上，同时由设备养护员C、叉车驾驶员D将两推车黄沙推至危险品仓库，迅速将黄沙围住泄漏的食用乙醇（必要时使用吸附棉），并迅速用油桶搬运车将食用乙醇转移至危险品仓库外围安全地带。同时，开启房顶喷淋喷水，以防着火。

3）环保车间环境监测员对危险品仓库北面的废液回收池及危险品仓库周围的明暗沟进行排查，对水质进行取样。

4）动力车间能源组人员负责在整个抢险救援过程中进行水压调度，以确保消防用水的供给。

（5）整个演习结束后，进行讲评，指出演习方案是否具有可操作性，存在哪些不足以及如何改进。

六、后勤保障

（1）消防抢险车1辆。

（2）防爆对讲机10部。

（3）警戒带200米。

（4）防化服3套。

（5）防毒逃生面具10个。

（6）急救药箱1个。

（7）氧气袋1个。

（8）医用担架1副。

（9）吸附棉1桶。

（10）油桶搬运车2辆。

（11）黄沙2推车。

（12）木铲2把。

（13）其他。

七、参加演习的对象

（1）公司EHS部员工。

（2）仓库部分员工。

（3）公司消防队消防人员。

（4）环保车间环保监测人员。

（5）动力车间能源保障人员。

（6）公司医务室医护人员。

八、事故现场指挥部组成人员及其他

（1）现场指挥：仓库经理。

（2）现场协调人员：仓库主管。

（3）安全场地：公司紧急集合点。

（4）逃生通道：通过危险品仓库南大门，逃到生产车间西面与公司消防水泵机房间的马路上。

（5）摄影：公司宣传部。

九、善后工作的处理

通过本次危险品泄漏应急处置的演习，提高了员工在突发事件状况下的应变处置和协调能力、人员疏散逃生能力、物资转移运输能力和协同抢险救灾能力。但是，也存在缺陷：危险品仓库北面的废液回收池因近期库房内部粉刷而需要地面清洁，清洁后未将废液回收池的水抽干，仓库已于2009年10月20日将废液回收池积水抽干，并将在今后的工作中加强巡回检查，保持废液回收池水位控制在正常范围内。

任务5 叉车的使用和管理

叉车在企业的物流系统中扮演着非常重要的角色，是物料搬运设备中的主力军。因此，对叉车的管理非常重要。现场运营人员必须了解叉车的基本属性并掌握使用和管理叉车的基本方法。

一、任务描述

熟悉和掌握搬运设备是提高装卸（搬运）效率的前提，也是开展设备管理工作的基础。本任务将指导学生掌握叉车的属性，比较不同种类叉车的特点，编制叉车点检表，编写叉车司机安全教育测试卷。要求学生采取实际操作、资料查找等方式来掌握搬运设备基础管理的要点，以达到实训的目的。

二、实训目标

熟悉叉车的属性，能够对叉车进行基本管理。

三、实训任务

将学生分为若干组，各组选出一个负责人，由负责人组织小组成员讨论并确定组内分工，通过分工合作完成小组任务，具体任务和操作步骤如表5—14所示。

表 5—14　　叉车的使用和管理实施与操作表

作业内容＼操作	小组任务	操作指导
叉车的使用和管理	（1）掌握叉车的属性； （2）比较五类叉车的特性（见表 5—15）； （3）编制两份叉车点检表，电动叉车、燃油叉车各一份； （4）编制叉车司机安全教育测试卷	通过实际操作和查询互联网、图书资料等方式了解叉车的属性、使用和管理方法

表 5—15　　叉车特性比较

类型	图片	品牌型号	优点	缺点	使用范围
平衡重式叉车					
高位拣选叉车					
电动托盘叉车					
前移式叉车					
液压搬运车					

四、工作准备

（1）划分小组，各小组进行组员分工，明确各组员的职责；

（2）制定项目的实施方案，制订工作进度安排计划；

（3）做好对企业进行调研的准备工作，如准备调查问卷等；

（4）相关的工具书，互联网等。

五、考核评价

采用形成式评价与过程考核、小组成果与个人成果相结合的方式，把基础理论知识、实践动手技能、教学参与度结合起来进行考核，考核主要通过活动过程、工作成果、个人表现及总结三个方面进行体现。其中，过程考核主要考查学生的工作态度、效率、规范性、安全性等，占 30 分，以小组考核为主；成果考核主要考查学生的学习质量，以小组成果为主，占 50 分，以教师考核为主；个人部分主要考查学生的个人能力，占 20 分。完成任务后，各小组组长负责填写叉车使用和管理工作测评表，如表 5—16 所示。

表 5—16　　叉车使用和管理工作测评表

组别/姓名		班级	
测评地点		日期	
项目名称	装卸搬运业务实训		
任务名称	叉车的使用和管理		

测评项目	评价标准	分值	本组评分	教师评价
过程评分（30 分）	参与调研工作的积极性	10		
	小组内合理分工与合作	10		
	个人成果的逻辑性	10		
成果评分（50 分）	叉车点检表具有实用性	20		
	叉车司机安全驾驶测试卷实用性强	20		
	成果条理清楚、逻辑性强	10		
个人总结（20 分）				

六、实训指导

任务的实施与操作会涉及相关的理论知识，需要查找相关的资料，对这些资料的学习和对相关作业环节与具体内容的了解，有助于实训任务的顺利完成和活动成果的总结。

1. 叉车的概念和特点

叉车是指对成件托盘货物进行装卸、堆垛和短距离运输作业的各种轮式搬运车辆。国际标准化组织 ISO/TC110 称其为工业车辆。

叉车的特点如下：

（1）叉车是通过后轮来导向的。

（2）叉车轮胎与地面的接触面要小于普通的汽车，这就意味着它们在急转弯的时候更容易翻车。

（3）叉车比普通的汽车或者轻型卡车要重，因此操作人员或者行人更容易被其压伤。

（4）叉车都有极强的动力，拥有电动的或者内燃式的发动机。

2. 专业术语

（1）额定起重量：是指货叉上的货物重心位于规定的载荷中心距上时，叉车应能举升的最大重量，单位为 kg。

（2）载荷中心距：是指货物重心到货叉垂直段前端面的规定距离。根据国家的有关规定：Q（代表载重量）$<$ 1t 时为 400mm；1 $\leqslant$ Q $<$ 5 时为 500mm；5 $\leqslant$ Q $\leqslant$ 10 时为 600mm。

（3）最大起升高度：是指叉车位于水平的坚实地面，门架垂直放置且承受有额定起重量的货物时，货叉所能起升的最大高度——货叉上平面至地面的垂直距离。

（4）自由起升高度：是指在门架高度不变的情况下，货叉能离地的最大高度。

（5）最小转弯半径：是指将叉车的转向轮转至极限位置，并以最低稳定速度做转弯运动时，其瞬时中心距车体最外侧的距离。

（6）门架倾角：是指无载叉车门架能从其垂直位向前或向后倾斜摆动的最大角度。

（7）轴距：是指前桥中心到后桥中心的垂直距离。

3. 叉车的安全操作

叉车的安全操作具体见图 5—2 至图 5—63。

图 5—2　叉车操作需持证上岗

图 5—3　需时刻警惕危险因素

图 5—4　禁止在公路上行驶

图 5—5　维护前关闭引擎

图 5—6　使用前先对叉车进行检查

图 5—7　保持驾驶室清洁

图 5—8　不驾驶不安全的叉车

图 5—9　应在许可的范围内工作

图 5—10 上车时应紧握扶手

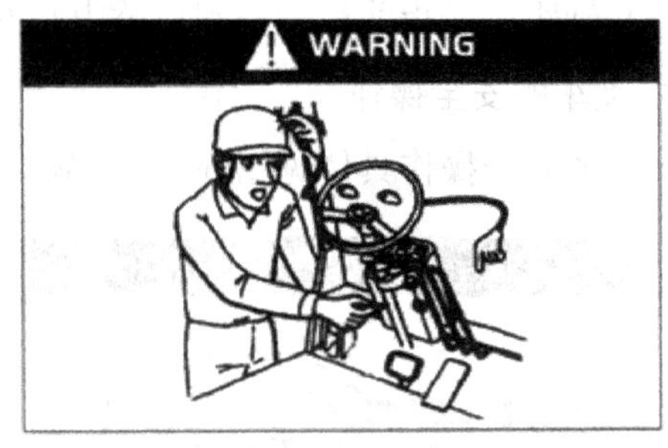

图 5—11 正确地启动引擎

图 5—12 驾驶前调整好座位

图 5—13 确保叉车处于安全的操作状态

图 5—14 适当地系紧安全带

图 5—15 时刻注意叉车工作区域的高度

图 5—16 在灰暗区域应打开照明灯

图 5—17 工作中手臂和身体不要露出护顶架外

图5—18　避免行走在松软或未整理的地面

图 5—19　身体保持在车顶防护栏下

图 5—20　避免偏心装载货物

图 5—21　避免装载货物时货叉碰到前方物品

图 5—22　尽量不要在光滑或打滑的地面行驶

图 5—23　空载时注意叉车横向行驶的稳定性

图 5—24　搬运较长或宽的货物时要特别小心

图 5—25　绝不允许载人

图5—26　转弯时如看不清前方应鸣笛慢行

图 5—27　搬运小物件要使用适当的枕木

图 5—28　不要相互追逐穿越行驶

图 5—29　不要用叉车做特技表演

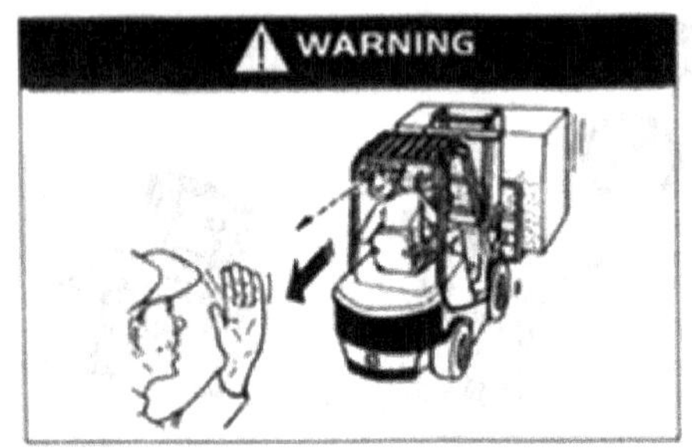

图 5—30　视线不良时行驶应有人指引

图 5—31　应遵守交通规则及所有警告和标志

图5—32　载货时上坡正面行驶、下坡倒退行驶

图5—33　上坡时应注意斜坡与货物起升的高度

图5—34　空载时上坡倒退行驶、下坡正面行驶

图 5—35　斜坡上启动叉车时应注意刹车

图 5—36　斜坡不允许转弯

图5—37　行驶的道路上有人或物时应鸣笛警示

图 5—38　转弯时应避免碰到人或物品

图 5—39　叉车工作时工作人员不得靠近

图5—40　转弯时车速过高会造成重心不稳而翻车

图 5—41　叉车工作区域行人止步

图 5—42　应注意叉车额定起重量的变化

图 5—43　叉车行驶时应注意周围区域

图 5—44　正确使用货叉承载

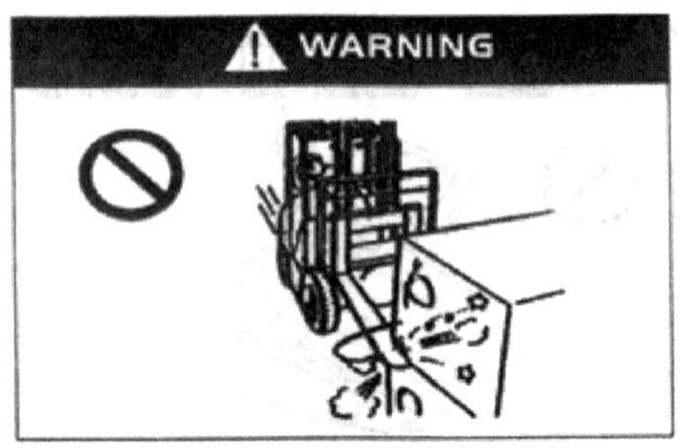

图 5—45　装载时尽量放慢速度

图 5—46　叉车前方有人时不要移动叉车

图 5—47　升高的货叉下严禁站立

图5—48　尽量不要让装载物超过挡货架高度

图 5—49　难以固定的物体捆绑后再装载

图 5—50　不要去扛已损坏的货物箱

图 5—51　严禁滥用货叉

图 5—52　行驶时不要把身体伸出车外

图 5—53　应平稳驾驶，禁止突然加速或减速行驶

图 5—54　必须使用安全设备才能提载人到高处作业

图 5—55　严禁超载

图 5—56　叉车如果损坏需放在指定区域

图 5—57　叉车不使用时应停放在指定区域

图 5—58 禁止倾斜提升货物

图5—59 叉车处于非水平位置时严禁装载或卸载

图5—60 禁止翻越容易造成倾翻的障碍物

图5—61 行驶时货叉和地面的距离为 150mm~200mm

图 5—62 行驶时不要快速地大幅度转弯

图 5—63 如果发生叉车倾翻不要跳车

4. 叉车点检表和叉车司机安全教育测试卷的编制

叉车点检表和叉车司机安全教育测试卷的编制具体如表 5—17 和表 5—18 所示。

表 5—17 叉车点检表

车型		车牌						周次			
序号	点检项目	星期一		星期二		星期三		星期四		星期五	
		上班	下班	上班	下班	上班	下班	上班	下班	上班	下班
1	仪表盘是否正常										
2	制动是否正常										

3	升降功能是否正常										
4	手刹是否正常										
5	照明是否正常										
6	喇叭是否正常										
7	警示灯是否正常										
8	安全带是否正常										
9	轮胎是否有磨损										
10	车体是否有伤痕										
11	后视镜是否完好										
12	电解液是否足够										
备注：											
签名：											
使用说明： （1）功能正常用“√”表示，功能不正常用“×”表示。有不符项应及时报告。 （2）其中 1～4 中任何一项有问题，故障排除前禁止使用，悬挂红牌。 （3）其中 5～12 项中如果有不符项，悬挂黄牌，直至问题解决。											

表 5—18　　叉车司机安全教育测试卷

姓名：__________　工号：__________　入职时间：__________　测试时间：__________

成绩（每空 3 分，90 分以下重测）：__________　考评人：__________

1. 公司贯彻执行________________的方针。
2. 员工必须按规定穿戴好________________，认真做好__________。员工到新岗位工作，应自觉接受换岗安全教育、学习，熟悉新岗位的__________，遵守和执行________________。
3. 积极参加公司各种________________，尽快掌握本岗位的__________以及__________的使用方法和本岗位容易引起的________________。
4. 发现生产岗位中有不安全因素或隐患，应迅速__________并及时__________，同时应________________。
5. 上班时间__________、__________，严格工作纪律，不做________________工作。
6. 不违章作业，并__________或__________他人违章作业。
7. 对不符合安全规定的作业指令，________________并向上级报告；对不符合安全条件的作业场所，有权________________。
8. “四懂”：懂得岗位火灾的__________，懂得预防火灾的措施，懂得__________的方法，懂得________________的方法。
9. “四会”：会使用________________，会报________________，会扑救________________，会组织________________。
10. 车间安全每月检查不少于________________，重点检查内容：是否遵守________________，有无__________、__________、__________等。
11. 全公司范围内实行________________，凡在________________吸烟者，罚款________________元，在非防爆区内吸烟者，罚款________________元。发现火情后，应立即拨打“__________”报警电话，同时使用现场的消防器具进行________________工作。报告事故时应讲清事故发生的________________、________________及________________。

项目六 现代物流储存与配送作业优化设计

为适应国家物流业调整与振兴对高素质技能型物流人才的需求，教育部从2010年开始设立了“现代物流技能大赛”项目，该项目以物流的核心环节——储存与配送作业为背景安排竞赛。该项目包括：制定储存与配送作业优化设计方案以及方案陈述与答辩、物流职业能力测评、实施储存与配送作业设计方案三大部分。展示参赛院校和选手在组织管理、专业团队协作、现场问题的分析与处理、工作效率、质量与成本控制、安全及文明生产等方面的职业素养，吸引企业参与，促进校企深度融合，以提高高职教育的社会认可度。

本项目主要围绕方案设计和大赛使用软件的操作展开，其中实际操作方面的内容可以参考本书项目二和项目五的相关知识。

任务 1
入库作业计划编制

入库方案是全国现代物流技能大赛方案的第一个环节，可以说入库方案的好坏直接决定了后续环节的成功与否。入库方案主要由物动量 ABC 分析、货物组托图绘制和货物储位示意图绘制几个部分组成。

一、任务描述

根据给定的货物入库单、仓库中的货品储存信息和货物周转信息等，制定该批货物的入库方案，入库方案中至少要包括物动量 ABC 分析、货物组托图的绘制、货物储位示意图绘制等任务。

二、实训目标

(1) 能够根据货物的入库单，编制入库方案；
(2) 能够进行物动量 ABC 分析；
(3) 能够进行货物组托图和货物储位示意图的绘制；
(4) 能够进行托盘条码的编制及打印。

三、实训任务

将学生分为若干组，各组选出一个负责人，由负责人组织小组成员讨论并确定组内分工，通过分工合作完成小组任务，具体任务和操作步骤如表 6—1 所示。

表 6—1 入库作业计划编制实施与操作表

操作 作业内容	小组任务	操作指导
工作准备	确定小组成员的工作任务	根据小组成员的特长及能力确定负责人，以及各小组成员所负责的工作任务

续前表

操作 作业内容	小组任务	操作指导
物动量 ABC 分析	对指定仓库中的货物进行物动量 ABC 分析	利用 Excel 等统计工具，对指定仓库中的货物进行物动量 ABC 分析，确定货物的 A、B、C 分类
货物组托图的绘制	绘制给定入库单中货物的组托图	利用 Excel、绘图工具，根据给定的货物规格尺寸、货架尺寸等确定入库货物的组托方案，并绘制货物组托图
货物储位示意图的绘制	绘制需入库货物的储位示意图	根据物动量 ABC 分析的结果，确定入库货物的储位，并在货架上进行标识
托盘条码的编制	编制托盘条码	根据要求进行编码

四、工作准备

（1）划分小组，各小组进行组员分工，明确各组员的职责；

（2）根据任务分工，各成员进行物动量 ABC 分析以及货物组托图和储位示意图绘制等相关知识的学习；

（3）Excel 及相关画图软件的学习；

（4）相关的工具书。

五、考核评价

采用形成式评价与过程考核、小组成果与个人成果相结合的方式，把基础理论知识、实践动手技能、教学参与度结合起来进行考核，考核主要通过活动过程、工作成果、个人表现及总结三个方面进行体现。其中，过程考核主要考查学生的工作态度、效率、规范性、安全性等，占 30 分，以小组考核为主；成果考核主要考查学生的学习质量，以小组成果为主，占 50 分，以教师考核为主；个人部分主要考查学生的个人能力，占 20 分。完成任务后，各小组组长负责填写入库作业计划工作测评表，具体如表 6—2 所示。

表 6—2　　入库作业计划工作测评表

组别/姓名		班级	
测评地点		日期	
项目名称	现代物流储存与配送作业优化设计		
任务名称	入库作业计划编制		

测评项目	评价标准	分值	本组评分	教师评价
过程评分（30分）	参与调研工作的积极性	10		
	小组内合理分工与合作	10		
	个人成果的质量及数量	10		
成果评分（50分）	物动量ABC分析的合理性	15		
	货物组托图的合理性	15		
	货物储位示意图及托盘编码的合理性	10		
	实训报告	10		
个人总结（20分）				

六、实训指导

以2013年浙江省高职现代物流储存与配送作业优化设计和实施大赛模拟题为例，模拟题的相关资料见本项目的补充资料。

1. 工作准备

（1）队员分工。2013年浙江赛区的参赛队伍有3名成员，其中队长1名，队员2名。根据储配方案制定的要求，参赛队伍在做方案时的队员分工如下：

1）队长：数据分析、方案制定、最终决策。

2）队员1：数据分析、方案制定、制图、排版。

3）队员2：数据录入、文字录入、单据填制。

（2）工作安排。具体的工作安排如表6—3所示。

表6—3　　工作安排

队员分工	工作安排
队长	（1）对队员进行工作安排 （2）进行方案决策 （3）协助队员工作 （4）制订库存分配计划 （5）制作拣选单
队员1	（1）绘制货物组托示意图 （2）绘制货物储位示意图 （3）绘制月台码放示意图 （4）制定路线配送方案 （5）完成出库作业
队员2	（1）物动量ABC分析 （2）客户订单及客户优先等级分析 （3）入库验收 （4）作业时间甘特图

2. 物动量 ABC 分析

(1) 库中商品的物动量 ABC 分析。根据货品编码/条码唯一性的特点，利用 Excel 对题目所给的出库作业月报进行统计，并进行相应的物动量 ABC 分析，分析结果如表 6—4 所示。

表 6—4 库中商品物动量分析结果

序号	货品编码/条码	货品名称	周转量	百分比	累积百分比	物动量分析
1	6939261900108	好娃娃薯片	4 528	21.993 4%	21.993 4%	A
2	6901424333948	王老吉凉茶	3 590	17.437 3%	39.430 7%	
3	6922266437342	戴尔台式电脑	3 156	15.329 3%	54.760 1%	
4	6901521103123	诚诚油炸花生仁	2 272	11.035 6%	65.795 6%	
5	6902563688999	奥利奥夹心饼干	1 187	5.765 5%	71.561 1%	B
6	6921200101102	旺旺饼干	1 053	5.114 6%	76.675 7%	
7	6921317905038	康师傅矿物质水	1 021	4.959 2%	81.634 9%	
8	6925011022012	红牛方便面	672	3.264 0%	84.899 0%	
9	6920907800173	休闲黑瓜子	662	3.215 5%	88.114 4%	
10	6922100321100	罗技键盘	586	2.846 3%	90.960 8%	
11	6911989331808	联想便携式电脑	385	1.870 0%	92.830 8%	
12	6922654700112	喜洋洋背包	334	1.622 3%	94.453 1%	C
13	6920380201108	创意记事本	318	1.544 6%	95.997 7%	
14	6921100369990	联想台式电脑	260	1.262 9%	97.260 5%	
15	6932010061914	雅比沙拉酱	228	1.107 4%	98.368 0%	
16	6920226613033	精灵鼠标	177	0.859 7%	99.227 7%	
17	6932010061860	金谷精品杂粮营养粥	159	0.772 3%	100.000 0%	

(2) 题目所给入库商品的物动量 ABC 分析。根据上述对库中商品的物动量 ABC 分析的结果，得出题目所给入库商品的物动量 ABC 分析，如表 6—5 所示。

表 6—5 题目所给入库商品的物动量 ABC 分析结果

序号	货品编码/条码	货品名称	周转量	百分比	累积百分比	物动量分析
1	6939261900108	好娃娃薯片	4 528	21.993 4%	21.993 4%	A
2	6901521103123	诚诚油炸花生仁	2 272	11.035 6%	65.795 6%	
3	6921200101102	旺旺饼干	1 053	5.114 6%	76.675 7%	B
4	6921317905038	康师傅矿物质水	1 021	4.959 2%	81.634 9%	
5	6921100369990	联想台式电脑	260	1.262 9%	97.260 5%	C

3. 货物组托示意图

（1）货物组托原则。货物组托时既要考虑安全因素，也要考虑经济性。因此需要遵守如下原则：

1）整齐原则：货物码放整齐，不超过托盘边缘。

2）堆高原则：托盘面积利用最大化，奇数层与偶数层交叉摆放。

3）牢固原则：组托高度最高点距离上层货架不小于150mm。

4）方便原则：每层货物箱数尽量相同，利于盘点。

（2）绘制货物组托示意图。对画图软件不熟悉的学生可以选择用Excel的绘制图工具来绘制货物组托示意图，根据托盘尺寸（1 200mm×1 000mm）和所给货物的外包装尺寸，货物组托示意图如下。

1）康师傅矿物质水20箱。外包装尺寸：360mm×200mm×270mm；层数：2；托盘数：1；单层箱数：15。组托示意图如图6—1和图6—2所示。

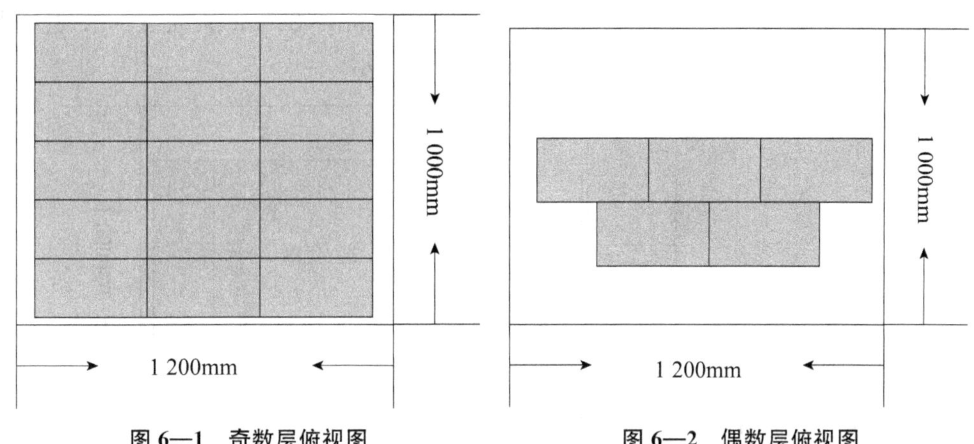

图6—1 奇数层俯视图　　图6—2 偶数层俯视图

2）好娃娃薯片18箱。外包装尺寸为：330mm×245mm×280mm；层数：2；托盘数：1；单层箱数：12。组托示意图如图6—3和图6—4所示。

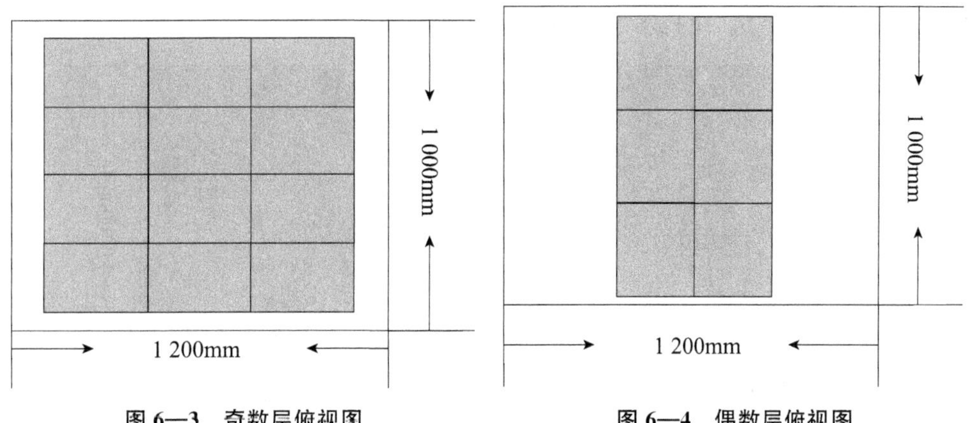

图6—3 奇数层俯视图　　图6—4 偶数层俯视图

3）诚诚油炸花生仁46箱。外包装尺寸为：275mm×215mm×200mm；层数：3；

托盘数：1；单层箱数：18。组托示意图如图 6—5 和图 6—6 所示。

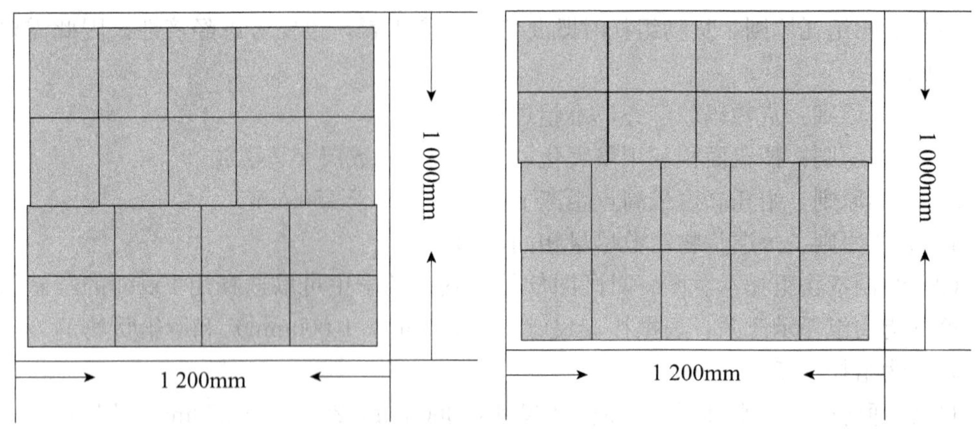

图 6—5　奇数层俯视图　　图 6—6　偶数层俯视图

4）旺旺饼干 26 箱。外包装尺寸为：320mm×220mm×320mm；层数：2；托盘数：1；单层箱数：16。组托示意图如图 6—7 和图 6—8 所示。

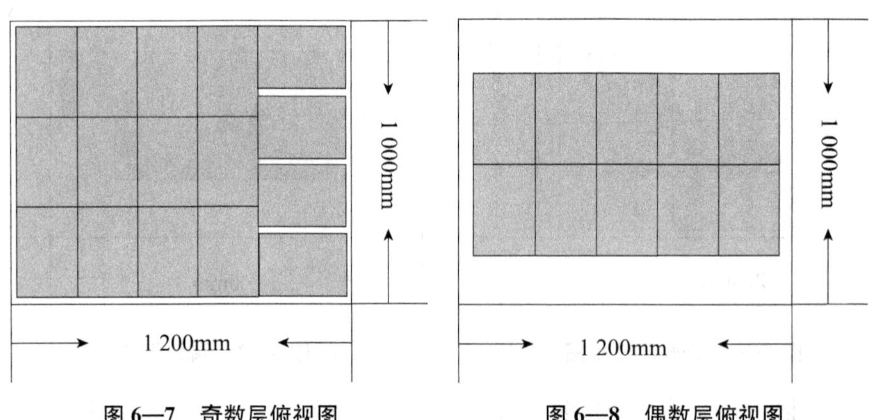

图 6—7　奇数层俯视图　　图 6—8　偶数层俯视图

5）联想台式电脑 10 箱。外包装尺寸为：595mm×395mm×340mm；层数：2；托盘数：1；单层箱数：5。组托示意图如图 6—9 和图 6—10 所示。

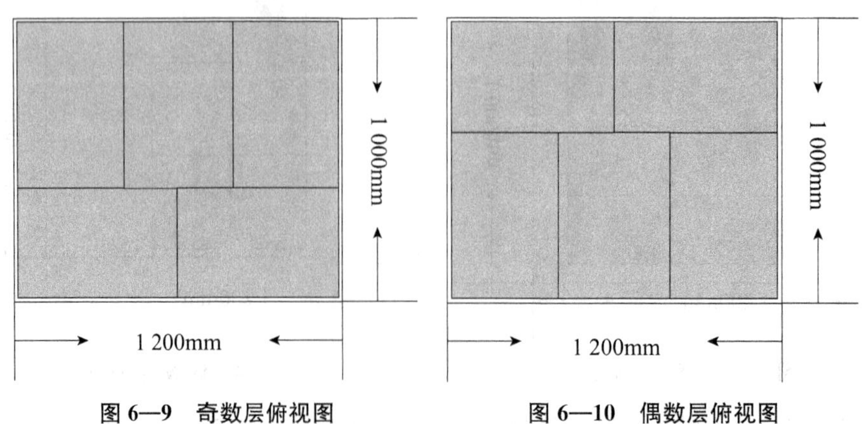

图 6—9　奇数层俯视图　　图 6—10　偶数层俯视图

4. 货物储位示意图

（1）储位原则。货物进行储位分配时，须遵守如下原则：

1）以周转量为基础原则：周转量高的货物储存尽量离出库口近。

2）重量原则：较重的和液体货物尽量放在货架下层。

3）尺寸原则：体积较大的货物尽量放在货架下层。

4）先进先出原则：先保管或离保质期近的货物先出库。

（2）绘制储位分配示意图。根据物动量 ABC 分析及仓库储位情况，对题目所给货物进行如下储位分配，如图 6—11 所示。其中，阴影部分表示拟入库商品的储位。

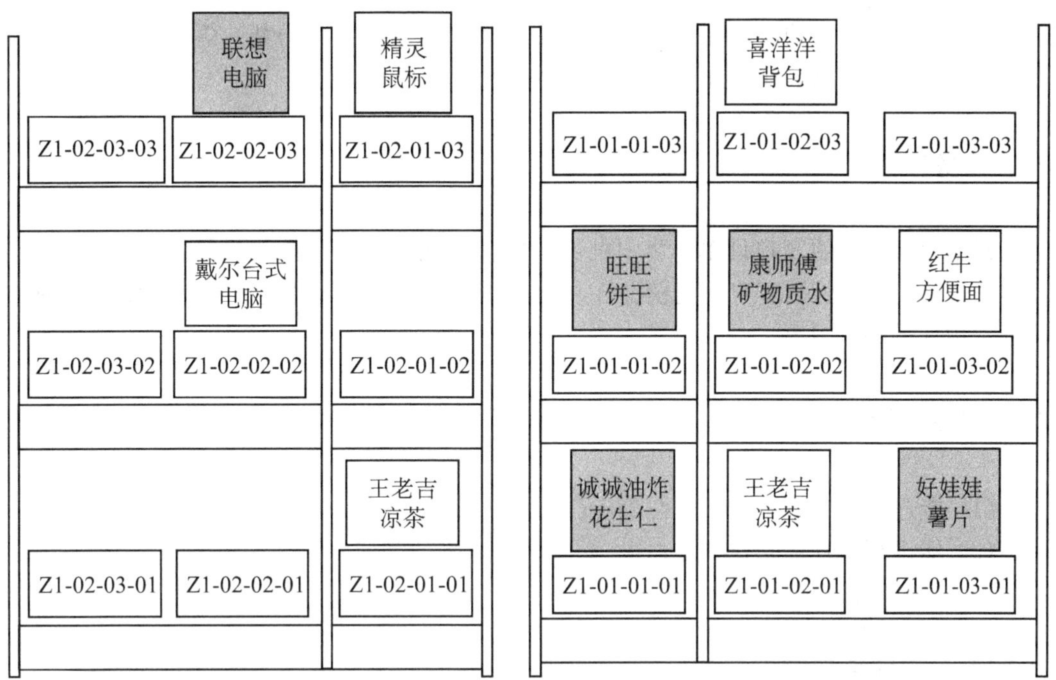

图 6—11 货物储位分配示意图

5. 编制托盘条码

托盘条码的编制方法一般题目会给定，需要注意的是要进行该项操作以及记得打印编码。

任务 2

出库作业计划编制

出库方案是全国现代物流技能大赛方案的第二个环节，出库方案主要考核学生对客户有效性和拣选方案的分析能力。出库方案主要由订单有效性分析、客户优先权判定、库存分配计划表、拣选作业计划、货物月台码放几个部分组成。

一、任务描述

根据题目给定的客户订单、客户档案、库存货物等信息，按题目给定的评判标准，对客户订单的有效性、客户优先权进行分析，并制定库存分配计划表、拣选作业计划和绘制货物月台码放图等。

二、实训目标

(1) 能进行客户订单的有效性分析；
(2) 能进行客户优先权判定；
(3) 能制订库存分配计划；
(4) 能制订拣选作业计划；
(5) 能绘制货物月台码放图。

三、实训任务

将学生分为若干组，各组选出一个负责人，由负责人组织小组成员讨论并确定组内分工，通过分工合作完成小组任务，具体任务和操作步骤如表 6—6 所示。

表 6—6　　出库作业计划编制实施与操作表

操作 作业内容	小组任务	操作指导
客户订单的有效性分析	分析客户订单的有效性	根据所给的评判标准对客户订单的有效性进行判断，对确定的无效订单予以锁定，陈述理由，由主管签字并标注日期

续前表

作业内容 \ 操作	小组任务	操作指导
客户优先权的判定	判定客户优先权	当多个客户针对某一货物的要货量大于该货物库存量时，应对客户进行优先等级划分以确定各自的分配量，并阐明理由
库存分配计划的制订	制订库存分配计划	依据客户订单和划分后的客户优先等级顺序制定库存分配计划表，将相关库存依次在不同的客户间进行分配并显示库存余量
拣选作业计划的制订	制订拣选作业计划	拣选作业计划的设计要规范、项目齐全，以保证拣选作业的流畅；拣选单的设计应能减少拣选次数、优化拣选路径、缩短拣选时间，注重效率
货物月台码放图的绘制	绘制货物月台码放图	将月台在客户间进行分配，便于月台集货，需要考虑装货的各种因素

四、工作准备

（1）划分小组，各小组进行组员分工，明确各组员的职责；

（2）根据任务分工，各成员进行拣选作业等相关知识的学习；

（3）Excel 及相关画图软件的学习；

（4）相关的工具书。

五、考核评价

采用形成式评价与过程考核、小组成果与个人成果相结合的方式，把基础理论知识、实践动手技能、教学参与度结合起来进行考核，考核主要通过活动过程、工作成果、个人表现及总结三个方面进行体现。其中，过程考核主要考查学生的工作态度、效率、规范性、安全性等，占 30 分，以小组考核为主；成果考核主要考查学生的学习质量，以小组成果为主，占 50 分，以教师考核为主；个人部分主要考查学生的个人能力，占 20 分。完成任务后，各小组组长负责填写出库作业计划工作测评表，具体如表 6—7 所示。

表 6—7　　出库作业计划工作测评表

组别/姓名			班级	
测评地点			日期	
项目名称	现代物流储存与配送作业优化设计			
任务名称	出库作业计划编制			
测评项目	评价标准	分值	本组评分	教师评价

过程评分（30分）	参与调研工作的积极性	10		
	小组内合理分工与合作	10		
	个人成果的质量与数量	10		
成果评分（50分）	客户订单的有效性分析	10		
	库存分配计划的制订	10		
	拣选作业计划的制订	10		
	货物月台码放图的绘制	10		
	实训报告	10		
个人总结（20分）				

六、实训指导

承接本项目任务1的实训任务：

1. 客户订单的有效性分析

根据题目所给的客户订单和客户档案信息，以客户累计应收账款超过信用额度15%的订单为无效订单的判定准则，对所给客户订单进行有效性分析，通过计算和分析，得出客户订单有效性的结果，具体如表6—8所示。

表6—8　客户订单有效性分析

指标 \ 客户名称	华伟商贸	惠民超市	四季青商贸	万家乐超市	旺旺超市
累计应收账款（万元）	4.8+0.234 2=5.034 2	152.5+0.465 5=152.965 5	99.5+0.341 8=99.841 8	125+0.334 8=125.334 8	9.8+2.526=12.326
信用额度（万元）	8	180	200	150	10
订单有效性	有效	有效	有效	有效	无效
无效理由					（12.326－10）÷10＝23.26% 累计应收账款超过信用额度的15%

2. 客户优先权判定

根据题目所给的客户档案信息，对订单有效的客户进行优先权判定，以确保优先权最高的客户能在某一货物的要货量大于该货物库存量时，优先得到供货。整理客户档案信息，具体如表6—9所示，通过此表可以进行客户优先权的判定。

表 6—9　　客户优先权分析

指标＼客户名称	华伟商贸	惠民超市	四季青商贸	万家乐超市
信用额度（万元）	8	180	200	150
忠诚度	一般	高	高	一般
满意度	较高	高	高	高
合作年限	9 年	3 年	11 年	4 年
客户类型	普通型	重点型	母公司	普通型
客户级别	B	A	A	B

根据客户信息情况，可以进行如下的设置。忠诚度：一般为 1，高为 3 ；满意度：高为 3，较高为 2；客户类型：普通型为 1，重点型为 2，母公司为 3；客户级别：A 为 3，B 为 2。考虑到信用额度的差别较大，故设置的权重应略小，而客户类型的权重应适当提高，可以通过相对数值来进行比较。权重的具体设置如表 6—10 所示。

表 6—10　　权重设置表

指标＼客户	权重	华伟商贸	惠民超市	四季青商贸	万家乐超市
信用额度（万元）	0.1	0.15	3.35	3.72	2.79
忠诚度	0.2	1.25	3.75	3.75	1.25
满意度	0.2	1.82	2.73	2.73	2.73
客户类型	0.3	1.43	2.86	4.29	1.43
客户级别	0.2	2	3	3	2
合计	1	1.46	3.09	3.55	1.90
优先权等级		四	二	一	三

根据此表，可得出四季青商贸为一级客户，惠民超市为二级客户，万家乐超市为三级客户，华伟超市为四级客户。

3. 库存分配计划表

根据库存信息、客户的订单信息以及客户的优先权情况对库存进行分配，制定的分配计划如表 6—11 所示。

表 6—11　　库存分配计划表

序号	货品名称	原始库存量	订单需求量								剩余库存
			四季青商贸		惠民超市		万家乐超市		华伟商贸		
			订货	缺货	订货	缺货	订货	缺货	订货	缺货	
1	康师傅矿物质水（箱）	20	10		0		10		0		0
2	好娃娃薯片（箱）	18	0		7		6		7	2	缺 2 箱
3	诚诚油炸花生仁（箱）	46	10		10		5		5		16
4	旺旺饼干（箱）	26	3		3		2		0		18
5	可口可乐（瓶）	18	0		0		10		0		8

续前表

序号	货品名称	原始库存量	订单需求量								剩余库存
			四季青商贸		惠民超市		万家乐超市		华伟商贸		
			订货	缺货	订货	缺货	订货	缺货	订货	缺货	
6	雪碧（瓶）	20	0		15		0		0		5
7	椰树椰汁（瓶）	20	0		15		0		0		5
8	尝响油多多超级蛋王（只）	20	0		0		0		25	5	缺 5 只
9	心心相印（优选）面巾纸（盒）	21	0		0		14		0		7
10	维达双抽（绵柔）面巾纸（盒）	19	0		0		0		10		9

4. 拣选作业计划

根据上面的库存分配计划表，制订拣选作业计划，具体如表 6—12 和表 6—13 所示。

表 6—12　　拣选单 1

拣货日期			拣货人		
储位编号	品名	合计	客户	数量	备注
Z1-01-03-01	好娃娃薯片	18	惠民超市	7	
			万家乐超市	6	
			华伟商贸	5	缺货 2 箱
Z1-01-01-01	诚诚油炸花生仁	30	四季青商贸	10	
			惠民超市	10	
			万家乐超市	5	
			华伟商贸	5	
Z1-01-02-02	康师傅矿物质水	20	四季青超市	10	
			万家乐超市	10	
Z1-01-01-02	旺旺饼干	8	四季青商贸	3	
			惠民超市	3	
			万家乐超市	2	

表 6—13　　拣选单 2

拣货日期			拣货人		
储位编号	品名	合计	客户	数量	备注
G1-01-01-02	可口可乐（瓶）	10	万家乐超市	10	
G1-01-03-02	雪碧（瓶）	15	惠民超市	15	
G1-01-02-02	椰树椰汁（瓶）	15	惠民超市	15	
D1-01-05-01	尝响油多多超级蛋王（只）	20	华伟商贸	25	缺 5 只
D1-01-03-02	心心相印（优选）面巾纸（盒）	14	万家乐超市	14	
D1-01-01-02	维达双抽（绵柔）面巾纸（盒）	10	华伟商贸	10	

5. 月台码放示意图

货物月台码放要求做到整齐、准确，便于按客户进行装载和配送。月台码放示意图可以用 Excel 进行绘制。在此仅以惠民超市订单货物的月台码放示意图为例，以供参考，如图 6—12 所示。

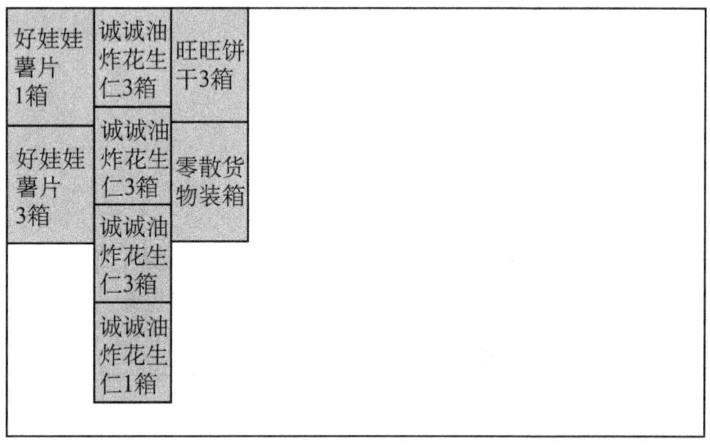

说明：雪碧和椰树椰汁属于散装货物，放入零散货物箱。

图 6—12 惠民超市订单货物的月台码放示意图

任务 3
配送优化方案

配送优化方案是全国现代物流技能大赛方案的第三个环节，配送优化方案主要考核学生对配送线路的选择进行分析以及货物装车的能力。因此，配送优化方案主要由配送线路的选择、货物装车等部分组成。

一、任务描述

根据题目给定的客户位置信息、车辆信息等，对客户的配送线路进行优化，然后根据优化后的配送线路绘制货物装车的位置图。

二、实训目标

（1）能优化客户的配送线路；

（2）能正确绘制货物装车的位置图。

三、实训任务

将学生分为若干组，各组选出一个负责人，由负责人组织小组成员讨论并确定组内分工，通过分工合作完成小组任务，具体任务和操作步骤如表6—14所示。

表6—14　　配送优化方案制定实施与操作表

操作 作业内容	小组任务	操作指导
配送线路的优化	对配送线路进行优化	根据所给的客户位置信息以及车辆信息，采用节约里程法等方法对配送线路进行优化
货物装车位置图的绘制	绘制货物装车的位置图	根据优化后的线路绘制货物装车的位置图，主要考虑装车顺序

四、工作准备

（1）划分小组，各小组进行组员分工，明确各组员的职责；

（2）根据任务分工，各成员进行配送线路优化等相关知识的学习；

（3）Excel及相关画图软件的学习；

（4）相关的工具书。

五、考核评价

采用形成式评价与过程考核、小组成果与个人成果相结合的方式，把基础理论知识、实践动手技能、教学参与度结合起来进行考核，考核主要通过活动过程、工作成果、个人表现及总结三个方面进行体现。其中，过程考核主要考查学生的工作态度、效率、规范性、安全性等，占30分，以小组考核为主；成果考核主要考查学生的学习质量，以小组成果为主，占50分，以教师考核为主；个人部分主要考查学生的个人能力，占20分。完成任务后，各小组组长负责填写配送优化方案制定工作测评表，具体如表6—15所示。

表6—15　　配送优化方案制定工作测评表

组别/姓名		班级	
测评地点		日期	
项目名称	现代物流储存与配送作业优化设计		

任务名称	配送优化方案			
测评项目	评价标准	分值	本组评分	教师评价
过程评分（30分）	参与调研工作的积极性	10		
	小组内合理分工与合作	10		
	个人成果的质量及数量	10		
成果评分（50分）	配送线路的优化	30		
	货物装车示意图的绘制	10		
	实训报告	10		
个人总结（20分）				

六、实训指导

1. 配送线路优化

根据题目所给的客户位置信息及配送中心车辆信息，采用节约里程法来进行配送线路的优化。由于在大赛中受比赛场地和商品种类等的限制，配送线路的优化往往仅限于有客户订单的情况，因而相对比较简单，这也导致与实际情况相去甚远。例如，在2013年浙江省高职现代物流储存与配送作业优化设计和实施大赛模拟题中，只给出了距离约束条件，因此无法进行相应的优化。下面给出一个具体的例子来讲解如何采用节约里程法。

已知浙江某配送中心P向5个用户（分别用K1～K5来表示）配送货物，其配送线路网络、配送中心与用户的距离以及用户之间的距离如图6—13所示，配送中心有3台2t卡车和2台4t卡车可供使用。采用节约里程法制定最优的配送方案。

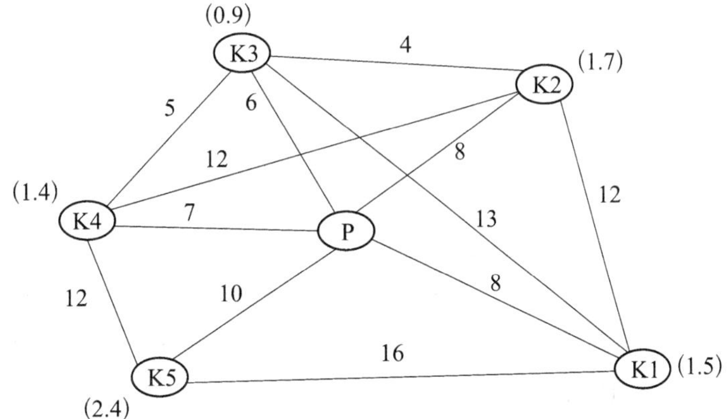

图6—13　配送里程图

首先，制作运输里程表，列出配送中心到各用户及各用户间的最短距离，如表6—16所示。

表 6—16　　配送中心到各用户及各用户间的最短距离　　单位：km

用户	需求量（t）	P					
K1	1.5	8	K1				
K2	1.7	8	12	K2			
K3	0.9	6	13	4	K3		
K4	1.4	7	15	9	5	K4	
K5	2.4	10	16	18	16	12	K5

其次，按节约里程公式求得相应的节约里程数，如表 6—17 所示。

表 6—17　　运输里程表　　单位：km

需求量（t）	P					
1.5	8	K1				
1.7	8	12 4	K2			
0.9	6	13 1	4 10	K3		
1.4	7	15 0	9 6	5 8	K4	
2.4	10	16 2	18 0	16 0	12 5	K5

再次，将节约里程按从大到小的顺序排列，如表 6—18 所示。

表 6—18　　运输里程表（排序后）　　单位：km

序号	线路	节约里程
1	K2K3	10
2	K3K4	8
3	K2K4	6
4	K4K5	5
5	K1K2	4
6	K1K5	2
7	K1K3	1
8	K2K5	0
9	K3K5	0
10	K1K4	0

最后，根据载重量约束与节约里程的大小，顺序连接各客户结点，形成两条配送线路：P—K2—K3—K4；P—K1—K5。

配送线路 1（P—K2—K3—K4）：

运量＝1.7＋0.9＋1.4＝4（t）

运行距离＝8＋4＋5＋7＝24（km）

结论：用一辆 4t 车运送，节约里程为 18km。

配送线路 2（P—K1—K5）：

运量＝2.4＋1.5＝3.9（t）＜4（t）

运行距离＝8＋16＋10＝34（km）

结论：用一辆 4t 车运送，节约里程为 2km。

2. 装载方案

装载方案主要需要考虑配送的顺序，最先到达的客户的货物应该最后装，最后送达的货物最先装，即在示意图中，最后送达的货物应该画在靠近车头的位置，最先送达的货物应该画在靠近车尾的位置，其他以此类推。

任务 4 储存与配送方案实施

储存与配送方案实施是全国现代物流技能大赛中最重要的一个组成部分，所占的分值也最高。储存与配送方案的实施环节不但考查学生对整个储存与配送作业环节的熟悉程度、作业的正确性以及安全性等，而且考验学生所制定方案的优劣程度。储存与配送方案的实施环节主要由出、入库两个部分组成。

一、任务描述

根据所制定的储存与配送方案，在实训场地完成入库单所列商品的入库作业和订货单所列商品的出库及配载作业。

二、实训目标

（1）能完成货物的入库作业；

（2）能完成货物的出库作业及配载操作。

三、实训任务

将学生分为若干组，各组选出一个负责人，由负责人组织小组成员讨论并确定组内

分工，通过分工合作完成小组任务，具体任务和操作步骤如表 6—19 所示。

表 6—19 存储与配送方案制定实施与操作表

操作 作业内容	小组任务	操作指导
设备租赁	租赁所需的设备	根据方案选择最佳时机并根据作业任务的需求向租赁中心租赁托盘、叉车、地牛、手推车、配送车等
商品入库	完成入库商品的上架操作	根据方案，通过操作系统的同步操作将入库商品储存至指定货位
商品出库	完成商品出库及装载作业	根据方案，拣选出货物，按客户订单堆放至月台，最后按配送顺序进行装载

四、工作准备

（1）划分小组，各小组进行组员分工，明确各组员的职责；

（2）根据任务分工，各成员进行大赛指定软件操作步骤等相关知识的学习；

（3）实训操作的工具，如托盘、地牛等；

（4）相关的其他工具。

五、考核评价

采用形成式评价与过程考核、小组成果与个人成果相结合的方式，把基础理论知识、实践动手技能、教学参与度结合起来进行考核，考核主要通过活动过程、工作成果、个人表现及总结三个方面进行体现。其中，过程考核主要考查学生的工作态度、效率、规范性、安全性等，占 30 分，以小组考核为主；成果考核主要考查学生的学习质量，以小组成果为主，占 50 分，以教师考核为主；个人部分主要考查学生的个人能力，占 20 分。完成任务后，各小组组长负责填写储存与配送方案实施工作测评表，具体如表 6—20 所示。

表 6—20 储存与配送方案实施工作测评表

<table>
<tr><td>组别/姓名</td><td colspan="2"></td><td>班级</td><td></td></tr>
<tr><td>测评地点</td><td colspan="2"></td><td>日期</td><td></td></tr>
<tr><td>项目名称</td><td colspan="4">现代物流储存与配送作业优化设计</td></tr>
<tr><td>任务名称</td><td colspan="4">储存与配送方案实施</td></tr>
<tr><td>测评项目</td><td>评价标准</td><td>分值</td><td>本组评分</td><td>教师评价</td></tr>
<tr><td rowspan="3">过程评分（30 分）</td><td>参与调研工作的积极性</td><td>10</td><td></td><td></td></tr>
<tr><td>小组内合理分工与合作</td><td>10</td><td></td><td></td></tr>
<tr><td>个人成果的质量与数量</td><td>10</td><td></td><td></td></tr>
</table>

成果评分（50分）	入库作业	20		
	出库作业	20		
	实训报告	10		
个人总结（20分）				

六、实训指导

本部分的操作主要通过全国现代物流技能大赛的技术支持单位——深圳中诺思资讯科技有限公司的培训资料进行讲解。考虑到竞赛时系统里基本上已经生成相关的仓库、仓位、客户等基础信息，加上实施环节主要是考核学生在入库和出库环节的操作水平，因此下面主要讲入库作业和出库作业。对于实际操作中的其他注意事项，可以参看项目二、项目五中的相关知识。

1. 设备租赁及归还

设备租赁是储存与配送方案实施的第一个环节，该环节主要考核学生对实际作业环节的理解以及对设备成本的把握和对时机的选择。因此，学生在制定方案时，应填写设备租赁申请书，并将所需的设备在申请书上列明，如无这一步操作，则设备租赁中心将不给学生设备，从而无法进行下一步的操作。开始进行实际操作时，学生根据分工及设定的设备租赁计划，凭设备租赁申请书去设备租赁中心承租设备，当操作执行完毕后，学生应及时将设备归还至设备租赁中心，否则将继续计算设备的成本。

2. 货物入库作业

（1）订单管理。

1）新增入库计划。根据制定的储配方案来制订相应的入库计划。点击【订单管理/入库计划】进入“入库计划”界面后，点击【新增货品】按钮，进入“新增货品”界面，如图6—14所示。

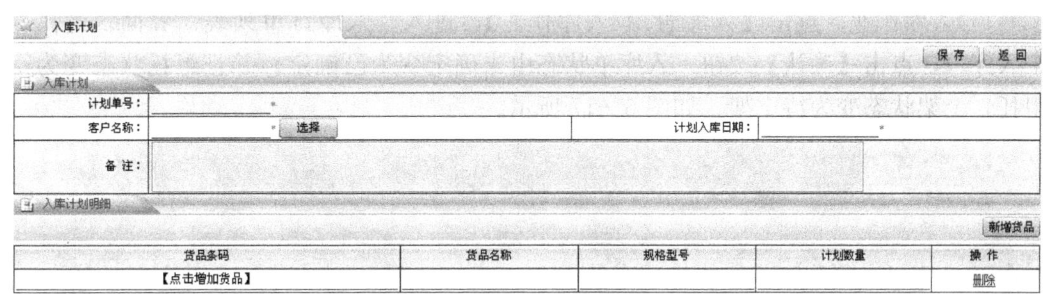

图6—14　“新增入库计划”界面

在图6—14中，“计划单号”、“客户名称”、“计划入库日期”为必填项；“备注”项可以为空。

通过【点击增加货品】，加入计划入库货品的物料信息，在“新增货品”栏中填写需要入库货品的物料信息，然后点击【保存】按钮。

2）制定客户订单。根据制定的储配方案来制定相应的客户订单。点击【订单管理/客户订单】进入“客户订单”界面，点击【新增】按钮，进入“新增客户订单”界面，如图 6—15 所示。

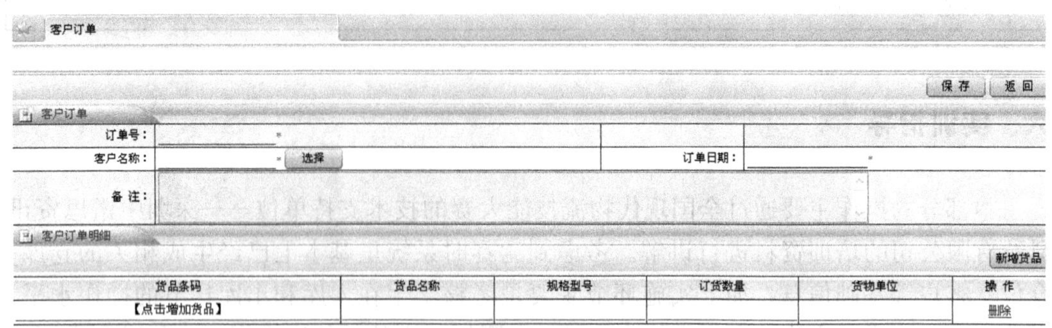

图 6—15 “新增客户订单”界面

在图 6—15 中，“订单号”、“客户名称”、“订单日期”为必填项；“备注”项可以为空。

通过【点击增加货品】，加入计划出库货品的物料信息，在“新增货品”栏中增加需要出库货品的物料信息，然后点击【保存】按钮。

3）订单处理。订单处理就是将多个客户订单按货品进行合并，生成拣货作业单。点击【订单管理/订单处理】进入“订单处理”界面，如图 6—16 所示。

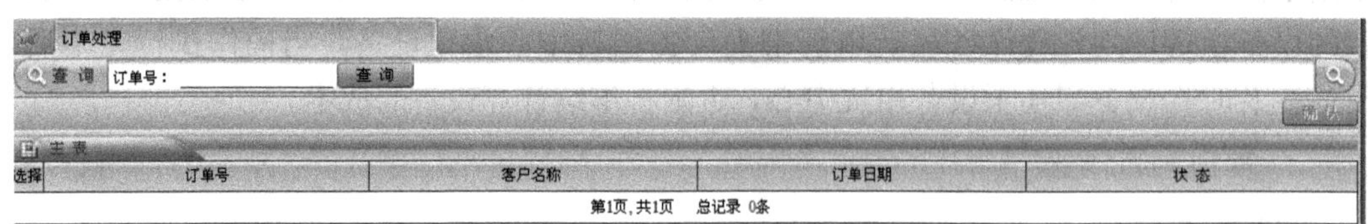

图 6—16 “订单处理”界面

点击一个或多个订单，点击【确认】按钮进行确认或者合并客户订单信息。

（2）入库管理。入库管理包括入库作业、RF 组托、RF 上架、入库完成、入库单打印等。

1）入库作业。点击【入库管理/入库作业】，进入“入库订单列表”界面。选择一个入库单，点击【确认】按钮，入库单状态由未确定变为已确定，并且组托状态变为待组托，上架状态变为待上架。如图 6—17 所示。

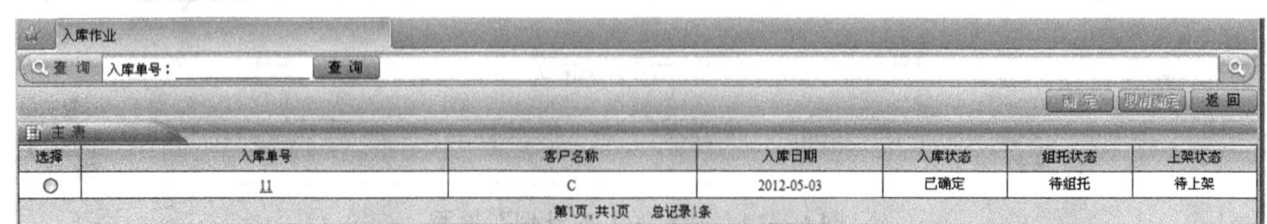

图 6—17 “入库订单列表”界面

图 6—17 中主要功能项说明如下：

【确定】：将入库订单状态由未确定变为已确定，若无确定操作，则无法进入下一流程，即用 RF 手持终端进行组托。

【取消确定】：取消已确定的待组托的入库单。若入库单已组托或已上架，就无法进行“取消确定”的操作，系统会给出相应的提示。

2）RF 组托。RF 组托就是用 RF 手持终端对入库确认过的货品进行组托。具体操作方法（需要用 RF 手持终端来操作）如下：

第一步：用登录物流大赛软件的账号登录 NOS RF 仓储管理系统，登录界面如图 6—18 所示。

第二步：在 NOS-WMS-RF 主界面（见图 6—19），点击【入库作业】按钮，进入“NOS-WMS-RF 入库作业”界面。

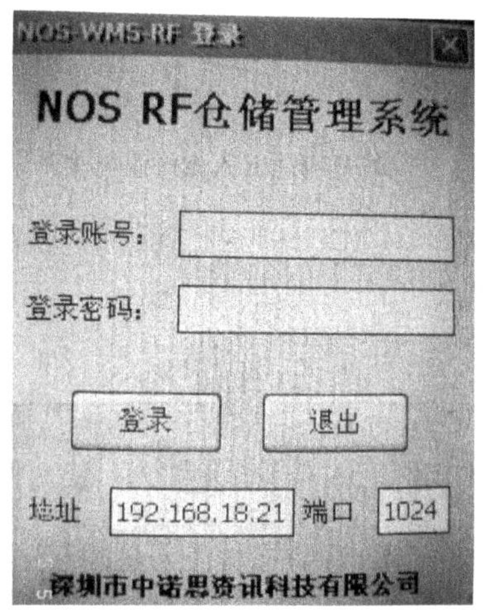

图 6—18　NOS RF 仓储管理系统登录界面

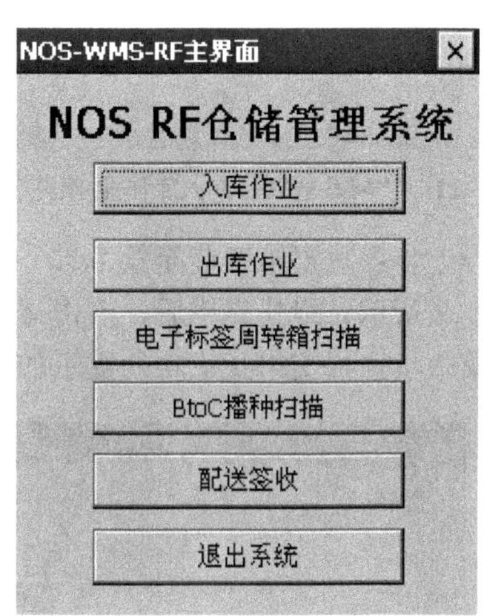

图 6—19　NOS-WMS-RF 主界面

第三步：在“NOS-WMS-RF 入库作业”界面（见图 6—20），选择入库单状态是待组托的入库单 ROD201004261001，点击【组托】按钮，进入“NOS-WMS-RF 入库作业-组托”界面。

第四步：在“NOS-WMS-RF 入库作业-组托”界面（见图 6—21），将光标移动到“托盘”的输入框内，用 RF 扫描托盘的标签 53500。

第五步：扫描托盘标签 53500 之后，将光标移动到“货品”的输入框内，用 RF 扫描货品的标签 80602，RF 会自动将扫描的货品 80602 的数量显示在“数量”输入框中。扫描货品 80602 之后，如果还有货品 80602 放到托盘 53500 上，在“数量”输入框中输入相应的数量。

第六步：如果放到托盘 53500 上的所有货品 80602 都已扫描完成，如图 6—22 所示，点击【确定】按钮。

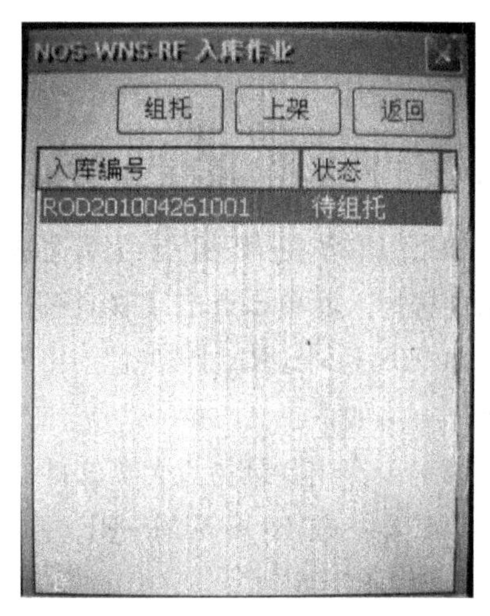

图 6—20　“NOS-WMS-RF 入库作业”界面

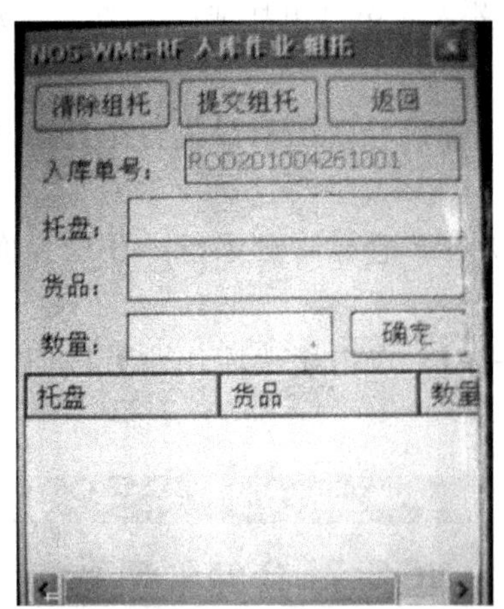

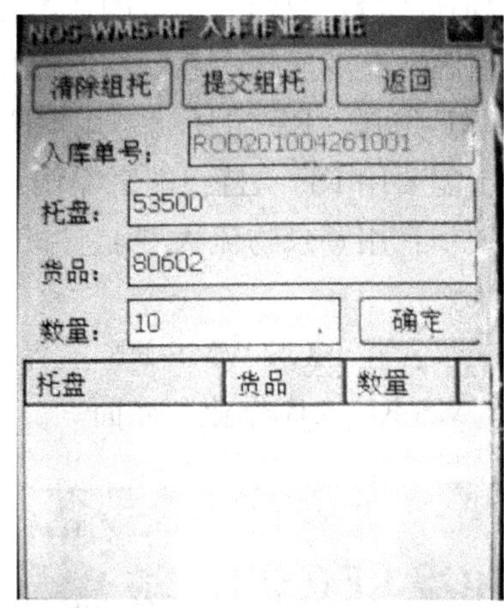

图 6—21 “NOS-WMS-RF 入库作业-组托”界面 1　　图 6—22 “NOS-WMS-RF 入库作业-组托”界面 2

第七步：重复第四步至第六步，组托入库单 ROD201004261001 上其他的货品，如图 6—23 所示，组托完毕后，点击【提交组托】按钮。

第八步：提交组托成功的提示如图 6—24 所示。

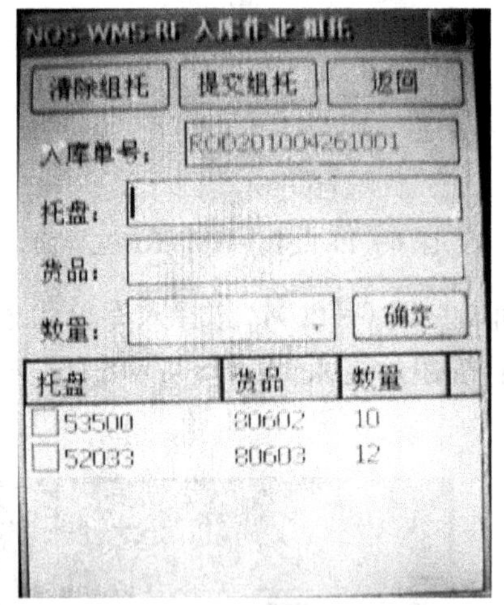

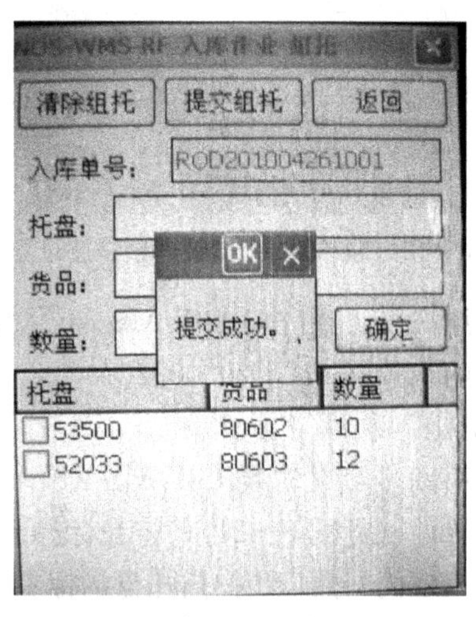

图 6—23 “NOS-WMS-RF 入库作业-组托”界面 3　　图 6—24 提供组托成功的提示

如果想取消用 RF 手持终端完成提交的组托，方法如下：在本软件中，如图 6—25 所示，选择入库单，点击【取消组托】按钮即可。

3）RF 上架。RF 上架就是用 RF 手持终端对组托后的托盘（货品）进行上架。具体操作方法如下：

第一步：用登录物流大赛软件的账号登录 NOS RF 仓储管理系统。

第二步：在 NOS-WMS-RF 主界面，点击【入库作业】按钮，进入“NOS-WMS-RF 入库作业”界面。

第三步：在“NOS-WMS-RF 入库作业”界面（见图 6—26），选择一个入库单状态是已组托的入库单 ROD201004261001，点击【上架】按钮，进入“NOS-WMS-RF 入库

RF组托

查 询　入库单号：　查 询

组托明细　取消组托　返 回

主表

选择	入库单号	客户名称	入库日期	入库状态	组托状态	上架状态
○	11	C	2012-05-03	已完成	已组托	已上架
○	003	A	2012-04-27	已完成	已组托	已上架
○	002	C	2012-04-27	已完成	已组托	已上架
○	001	C	2012-04-13	已完成	已组托	已上架

第1页，共1页　总记录4条

* 此处可以查看已组托的明细信息和取消已组托的信息

图 6—25　“RF 组托”界面

作业-上架”界面。

第四步：在“NOS-WMS-RF 入库作业-上架”界面，将光标移动到“托盘”的输入框内，用 RF 扫描托盘的标签 53500，如图 6—27 所示。

第五步：扫描托盘标签 53500 之后，将光标移动到“仓位”的输入框内，用 RF 扫描仓位的标签 51004，扫描结果如图 6—28 所示。

第六步：重复第四步和第五步，上架本入库单 ROD201004261001 上其他的托盘，如图 6—29 所示，所有托盘上架完毕后点击【提交上架】按钮。

第七步：提交上架成功的提示，如图 6—30 所示。

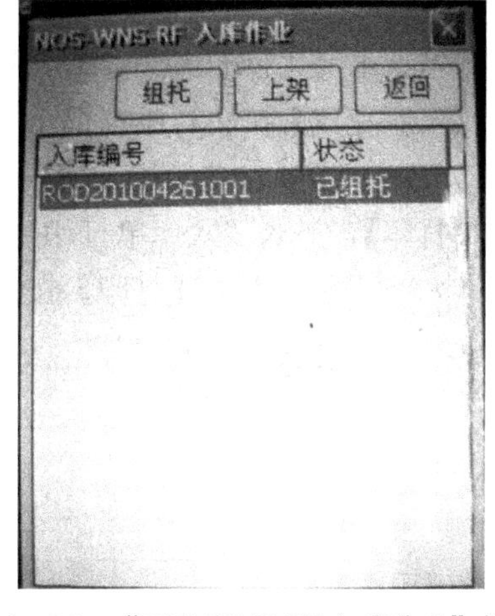

图 6—26　“NOS-WMS-RF 入库作业”界面

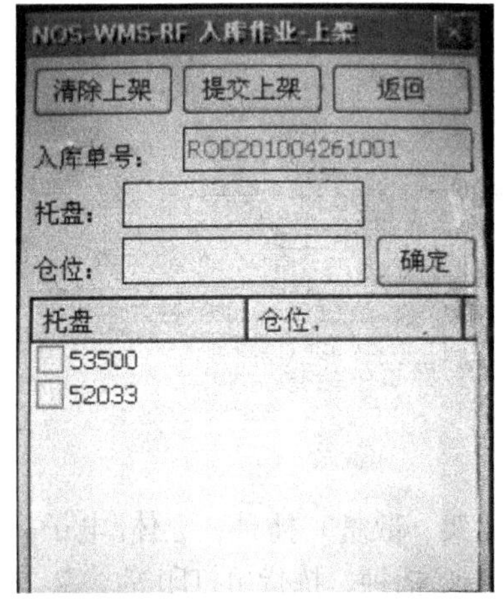

图 6—27　“NOS-WMS-RF 入库作业-上架”界面 1

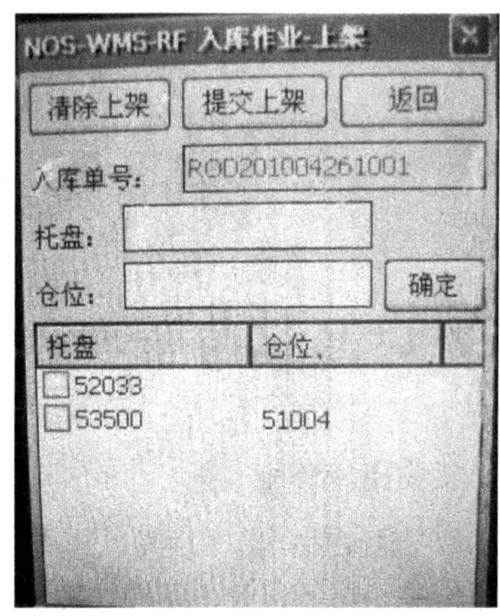

图 6—28　“NOS-WMS-RF 入库作业-上架”界面 2

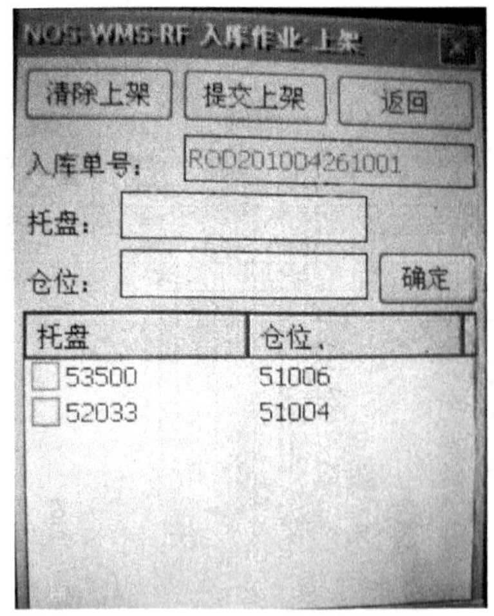

图6—29 "NOS-WMS-RF 入库作业-上架"界面 3

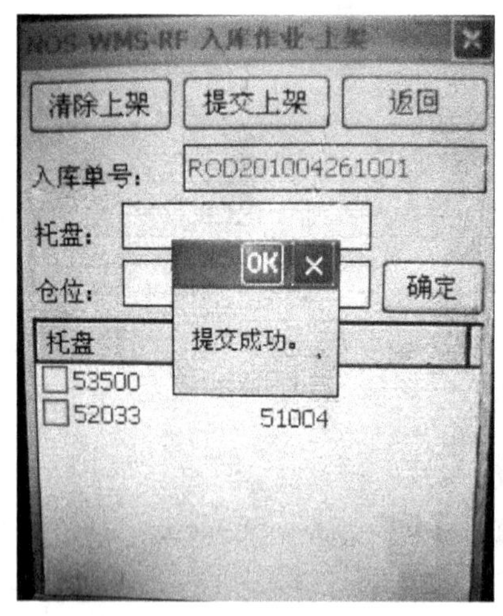

图 6—30 提交上架成功的提示

4）入库完成。对用 RF 手持终端提交上架后的入库单进行入库完成操作。具体操作方法为：点击【入库管理/入库完成】，进入"入库单打印列表"界面，选择入库单号，点击【入库完成】按钮，系统提示"入库完成"，如图 6—31 所示。

5）入库单打印。打印入库完成货品的入库单。具体操作方法为：点击【入库管理/入库单打印】，进入"入库单打印列表"界面，点击入库单号，进入"打印预览"界面，如图 6—32 所示，点击【打印】按钮，完成打印。

入库完成

查询 入库单号： 查询

入库完成 返回

入库完成

主表

选择	入库单号	客户名称	入库日期	入库状态	组托状态	上架状态
○	11	C	2012-05-03	已完成	已组托	已上架
○	003	A	2012-04-27	已完成	已组托	已上架
○	002	C	2012-04-27	已完成	已组托	已上架
○	001	C	2012-04-13	已完成	已组托	已上架

第1页，共1页 总记录4条

图 6—31 "入库完成"界面

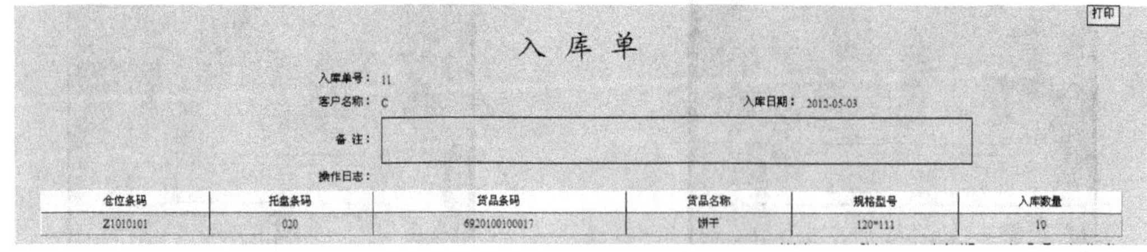

打印

入 库 单

入库单号：11

客户名称：C 入库日期：2012-05-03

备 注：

操作日志：

仓位条码	托盘条码	货品条码	货品名称	规格型号	入库数量
Z1010101	020	6920100100017	饼干	120*111	10

图 6—32 "入库单打印预览"界面

3. 货物出库作业

出库管理包括：出库计划、重型货架拣货、重型货架（散货）播种、立体/电子标签拣货、立体/电子标签接收、阁楼式货架拣货、阁楼式对 BtoC 播种、拣货单打印等。

（1）出库计划。出库计划就是对计划出库任务单进行出库任务分配，并选择出库货品包装类型。具体操作方法为：点击【出库管理/出库计划】，进入“出库计划”界面，选中出库任务单，点击【出库计划】按钮，进入“出库任务单”界面，如图 6—33 所示。

出库任务单

确定

货品编号	货品数量	货品单位	包装选择
69100014	500	瓶/袋	选择

图 6—33 “出库任务单”界面 1

点击【选择】按钮选择包装类型，如图 6—34 所示。

出库任务单

确定

货品编号	货品数量	货品单位	包装选择
69100014	500	瓶/袋	选择

包装编号	货品名称	包装单位	选择数量
69100014	方便面	瓶/袋	500
6910001401	方便面	小箱	0
6910001402	方便面	大箱	0

图 6—34 “出库任务单”界面 2

包装完成后点击【确定】按钮，进入“仓位分配”界面，如图 6—35 所示。

订单处理

查 询

下一步

主 表

物料编号	物料名称	单位	计划数量	库区名称
69100014	方便面	瓶/袋	500	重型货架库区

重型货架库区
立体仓库和电子标签库区
阁楼式货架和BtoC货架库区

图 6—35 “仓位分配”界面

分配完成后点击【下一步】按钮，进入各种类型仓库出库的界面，如图 6—36 所示。

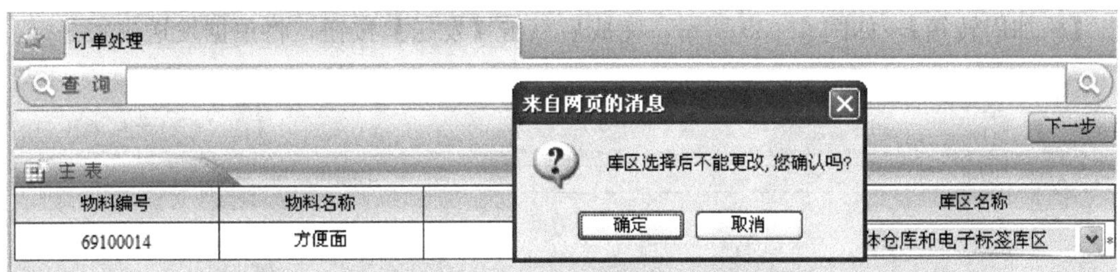

图 6—36 “仓库出库”界面

（2）重型货架拣货。根据重型货架拣货作业单拣选货品，其功能是根据订单处理后的拣货作业单，对出库货品进行拣选操作。具体操作方法为：点击【出库管理/重型货架拣货】，进入“拣货作业单列表”界面，选择一个拣货作业单，点击【拣选】按钮，进入“拣货作业”界面，如图 6—37 所示。

拣货计划

返回

拣货作业

作业单号：OPR_T923TOXJ

作业单明细

货品条码	货品名称	规格型号	计划数量	已拣数量	操作
6920100100017	饼干	120*111	10		拣选

已拣选明细

仓位条码	货品条码	货品名称	规格型号	拣选数量

图 6—37 “拣货作业”界面

（3）重型货架（散货）播种。重型货架（散货）播种是指重型货架对小推车播种的功能。具体操作方法为：点击【出库管理/重型货架（散货）播种】，进入相应的界面；选择状态是“拣货完毕”的单据，点击【播种】按钮，进入“重型货架播种到拣货小推车”界面；选择完仓库和播种柜号后，到电子标签小推车上进行操作。

（4）立体/电子标签拣货。根据立体/电子标签拣货作业单拣选货品，其功能是根据订单处理后的拣货作业单，对出库货品进行拣选操作。具体操作方法为：点击【出库管理】、【立体/电子标签拣货】，进入“拣货作业单列表”界面，如图 6—38 所示。

拣货计划

查询 拣货作业单号： 查询

添加周转箱 发送 拣选 拣选明细 返回

主表

选择	拣货作业单号	拣货日期	库区	状态
○	OPR-KQAOHV83	2012-05-31	立体仓库和电子标签库区	未拣选
○	OPR-DBWYATM7	2012-05-31	立体仓库和电子标签库区	发送成功
○	OPR-UGW3608G	2012-05-31	立体仓库和电子标签库区	发送成功
○	OPR-B71OHVZD	2012-05-31	立体仓库和电子标签库区	发送成功
○	OPR-KFQ32R0V	2012-05-31	立体仓库和电子标签库区	发送成功
○	OPR-ILTW3OD5	2012-05-31	立体仓库和电子标签库区	发送成功
○	OPR-A546CMW3	2012-05-31	立体仓库和电子标签库区	发送成功
○	OPR-A713MLF0	2012-05-31	立体仓库和电子标签库区	发送成功
○	OPR-SL3863CH	2012-05-31	立体仓库和电子标签库区	发送成功
○	OPR-ISDB7U4L	2012-05-30	立体仓库和电子标签库区	发送成功

第1页，共2页 下一页 总记录15条

图 6—38 “拣货作业单列表”界面

选择一个拣货作业单，点击【拣选】按钮，进入“拣货作业”界面；拣货完成后点击【添加周转箱】，如图 6—39 所示，完成后点击【发送】按钮，将单据发送出去。

图 6—39 “周转箱”界面

发送成功后到 RF 手持终端完成周转箱的确认操作，如图 6—40 所示，输入周转箱号后点击【确认】按钮将电子标签点亮。

（5）立体/电子标签接收。根据已发送的电子标签作业单进行入库接收确认。具体操作方法为：点击【出库管理】、【立体/电子标签拣货接收】，进入“立体仓库电子标签拣货接收”界面，如图 6—41 所示，选择拣货作业单，点击【接收】按钮。

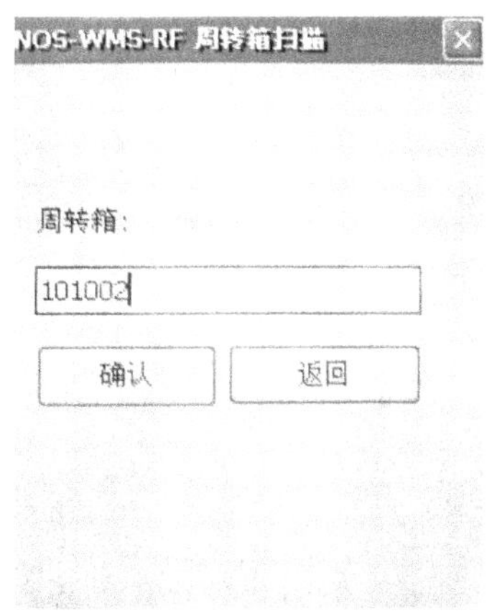

图 6—40　“NOS-WMS-RF 周转箱扫描”界面

拣选确认

接收　出库确认　返回

主表

选择	拣货作业单号	拣货日期	状态
○	OPR-FJO67E3M	2012-05-31	发送成功
○	OPR-TLRMPD6C	2012-05-31	发送成功
○	OPR-CL4UO25L	2012-05-31	已出库
○	OPR-EJUU1ASZ	2012-05-31	已出库
○	OPR-2YXJOBFJ	2012-05-31	已出库
○	OPR-JV9QO7FF	2012-05-31	已出库
○	OPR-Z5CL2APH	2012-05-31	已出库
○	OPR-DBWYATM7	2012-05-31	发送成功
○	OPR-LT86X0WP	2012-05-31	已出库
○	OPR-UGW3608G	2012-05-31	发送成功

第1页，共2页　下一页　总记录20条

图 6—41　“立体仓库电子标签拣货接收”界面

接收完成后点击【出库确认】按钮以确认完成出库。

（6）阁楼式货架拣货。根据阁楼式和 BtoC 货架作业单拣选货品，其功能是根据订单处理后的拣货作业单，对阁楼式货架出库货品进行拣选操作。具体操作方法为：点击【出库管理/阁楼式货架拣货】，进入“拣货作业单列表”界面，选择一个拣货作业单，点击【拣选】按钮，进入“拣货作业”界面，如图 6—42 所示。拣选完成后点击【拣选确认】按钮，使用 RF 手持终端完成出库拣货操作。

拣货计划

返回

拣货作业

作业单号：OPR_D6Y695X3

作业单明细

货品条码	货品名称	规格型号	计划数量	已拣数量	操作
6920100100017	饼干	120*111	1		拣选

已拣选明细

仓位条码	货品条码	货品名称	规格型号	拣选数量

图 6—42　“拣货作业”界面

（7）阁楼式对 BtoC 播种。具体操作方法为：点击【出库管理/阁楼式对 BtoC 播种】，进入相应的界面；点击【播种】按钮，将拣货单据发送到 BtoC 货架，如图 6—43 所示；点击【发送】按钮，进行发送。

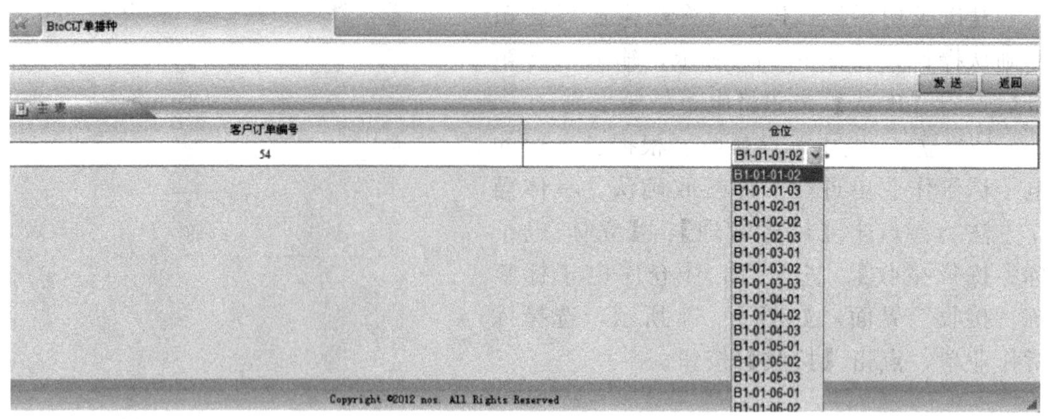

图 6—43 “BtoC 订单播种”界面

发送完成后使用 RF 手持终端进行出库操作，如图 6—44 所示；输入拣货单编号和货品编号，点击【确认】按钮完成播种，点亮电子标签。

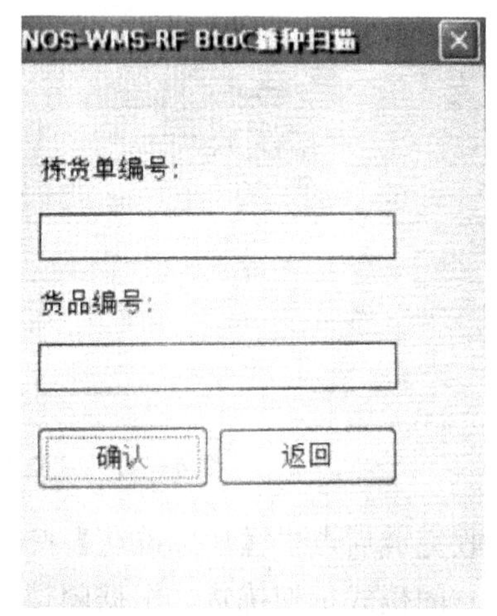

图 6—44 “NOS-WMS-RF BtoC 播种扫描”界面

（8）拣货单打印。具体操作方法为：点击【出库管理/拣货单打印】，进入“拣货单打印列表”界面；点击拣选作业单号，进入打印界面；点击【打印】按钮，完成打印，如图 6—45 所示。

4. 货物装载

将堆存在月台上的货物，根据配载方案的思路装入模拟车辆，需注意货物的稳性及装载率。

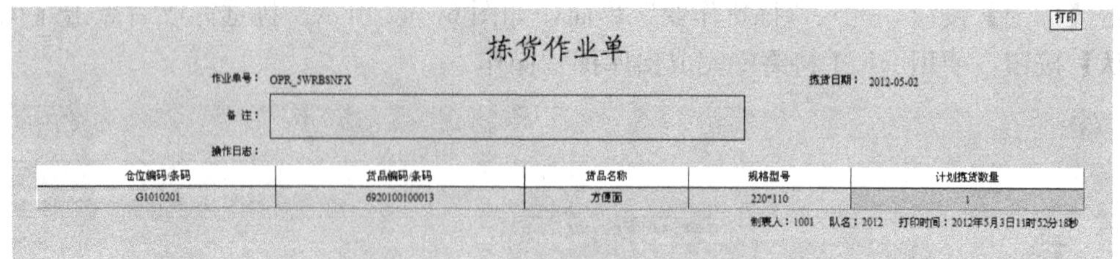

打印

拣货作业单

作业单号：OPR_5WRBSNFX　　拣货日期：2012-05-02

备注：

操作日志：

仓位编码/条码	货品编码/条码	货品名称	规格型号	计划拣货数量
G1010201	6920100100013	方便面	220*110	1

制表人：1001　队名：2012　打印时间：2012年5月3日11时52分18秒

图 6—45 拣货作业单的打印界面

补充资料

2013 年浙江省高职现代物流储存与配送作业优化设计和实施大赛模拟题

一、入库任务

（1）浙江可的配送中心接到供应商发来的一批货物（入库单号为 20130315），货物已通过验收，现在需要进行组托、上架入库至重型货架，其货物名称、规格、数量和包装尺寸如表 6—21 所示。

表 6—21　　货物单

序号	货品条码	货品名称	单价（元/箱）	数量（箱）	重量（kg/箱）	外包装尺寸（mm）
1	6921317905038	康师傅矿物质水	24.00	20	13	360×200×270
2	6939261900108	好娃娃薯片	196.00	18	9	330×245×280
3	6901521103123	诚诚油炸花生仁	172.00	46	10	275×215×200
4	6921200101102	旺旺饼干	486.00	26	12	320×220×320
5	6921100369990	联想台式电脑	3800.00	10	25	595×395×340

（2）上述货物入库后直接码垛存放，已知该仓库的地坪载荷为 2 000kg/m^2，库高 12m，且由于包装的原因，堆高限高 3 层，作为仓库的管理人员，如果该批货物码垛宽度不超过 1m，请规划该批货物大概需要的储存面积以及货垛的长与宽（只做规划，实施过程中不执行）。

二、出库作业月报（物动量统计）

2012 年 10 月至 2013 年 3 月的出库作业月报具体如表 6—22 至表 6—27 所示。

表 6—22　　出库作业月报一

制表人：林诺　　制表时间：2012 年 10 月 1 日

货品编码/条码	货品名称	出库量（箱）
6911989331808	联想便携式电脑	60
6921317905038	康师傅矿物质水	150
6939261900108	好娃娃薯片	900
6901521103123	诚诚油炸花生仁	146
6920907800173	休闲黑瓜子	122
6932010061914	雅比沙拉酱	45
6902563688999	奥利奥夹心饼干	475
6901424333948	王老吉凉茶	720
6932010061860	金谷精品杂粮营养粥	0
6921200101102	旺旺饼干	80
6922100321100	罗技键盘	400
6925011022012	红牛方便面	397
6922266437342	戴尔台式电脑	642
6922654700112	喜洋洋背包	100
6920226613033	精灵鼠标	30
6921100369990	联想台式电脑	37
6920380201108	创意记事本	21

表 6—23　出库作业月报二

制表人：林诺　制表时间：2012 年 11 月 1 日

货品编码/条码	货品名称	出库量（箱）
6911989331808	联想便携式电脑	25
6902563688999	奥利奥夹心饼干	200
6901424333948	王老吉凉茶	850
6932010061860	金谷精品杂粮营养粥	42
6922266437342	戴尔台式电脑	407
6932010061914	雅比沙拉酱	30
6921200101102	旺旺饼干	47
6921317905038	康师傅矿物质水	76
6939261900108	好娃娃薯片	806
6901521103123	诚诚油炸花生仁	56
6920907800173	休闲黑瓜子	41
6920226613033	精灵鼠标	30
6921100369990	联想台式电脑	38
6920380201108	创意记事本	0
6922100321100	罗技键盘	36
6925011022012	红牛方便面	120
6922654700112	喜洋洋背包	45

表 6—24　出库作业月报三

制表人：林诺　制表时间：2012 年 12 月 1 日

货品编码/条码	货品名称	出库量（箱）
6920226613033	精灵鼠标	50
6921100369990	联想台式电脑	25
6920380201108	创意记事本	0
6922100321100	罗技键盘	59
6921317905038	康师傅矿物质水	167
6932010061914	雅比沙拉酱	10
6921200101102	旺旺饼干	189
6901521103123	诚诚油炸花生仁	1 270
6939261900108	好娃娃薯片	655
6920907800173	休闲黑瓜子	59
6925011022012	红牛方便面	39
6922654700112	喜洋洋背包	25
6911989331808	联想便携式电脑	0
6902563688999	奥利奥夹心饼干	25
6901424333948	王老吉凉茶	920
6932010061860	金谷精品杂粮营养粥	0
6922266437342	戴尔台式电脑	513

表 6—25　　出库作业月报四

制表人：林诺　　制表时间：2013 年 1 月 1 日

货品编码/条码	货品名称	出库量（箱）
6932010061914	雅比沙拉酱	50
6921200101102	旺旺饼干	125
6920226613033	精灵鼠标	40
6921100369990	联想台式电脑	80
6920380201108	创意记事本	100
6922100321100	罗技键盘	26
6921317905038	康师傅矿物质水	250
6911989331808	联想便携式电脑	176
6902563688999	奥利奥夹心饼干	220
6901424333948	王老吉凉茶	580
6932010061860	金谷精品杂粮营养粥	45
6922266437342	戴尔台式电脑	569
6901521103123	诚诚油炸花生仁	450
6939261900108	好娃娃薯片	400
6920907800173	休闲黑瓜子	139
6925011022012	红牛方便面	25
6922654700112	喜洋洋背包	80

表 6—26　　出库作业月报五

制表人：林诺　　制表时间：2013 年 2 月 1 日

货品编码/条码	货品名称	出库量（箱）
6902563688999	奥利奥夹心饼干	50
6901424333948	王老吉凉茶	420
6932010061860	金谷精品杂粮营养粥	60
6921100369990	联想台式电脑	63
6920380201108	创意记事本	97
6922100321100	罗技键盘	0
6921317905038	康师傅矿物质水	230
6911989331808	联想便携式电脑	97
6920907800173	休闲黑瓜子	227
6925011022012	红牛方便面	46
6922654700112	喜洋洋背包	40
6922266437342	戴尔台式电脑	482
6901521103123	诚诚油炸花生仁	200
6939261900108	好娃娃薯片	517
6932010061914	雅比沙拉酱	43
6921200101102	旺旺饼干	154
6920226613033	精灵鼠标	27

表 6—27 出库作业月报六

制表人：林诺 制表时间：2013 年 3 月 1 日

货品编码/条码	货品名称	出库量（箱）
6901521103123	诚诚油炸花生仁	150
6939261900108	好娃娃薯片	1 250
6932010061914	雅比沙拉酱	50
6921200101102	旺旺饼干	458
6921317905038	康师傅矿物质水	148
6911989331808	联想便携式电脑	27
6920226613033	精灵鼠标	0
6902563688999	奥利奥夹心饼干	217
6920907800173	休闲黑瓜子	74
6925011022012	红牛方便面	45
6922654700112	喜洋洋背包	44
6922266437342	戴尔台式电脑	543
6920380201108	创意记事本	100
6922100321100	罗技键盘	65
6901424333948	王老吉凉茶	100
6932010061860	金谷精品杂粮营养粥	12
6921100369990	联想台式电脑	17

三、客户订单

客户的订单情况具体如表 6—28 至表 6—32 所示。

表 6—28 华伟商贸有限公司采购订单（订单号：1604）

序号	商品名称	单位	单价（元）	订购数量	金额（元）
1	好娃娃薯片	箱	196.00	7	1 372.00
2	诚诚油炸花生仁	箱	172.00	5	860.00
3	尝响油多多超级蛋王	只	2.00	25	50.00
4	维达双抽（绵柔）面巾纸	盒	6.00	10	60.00
合计					2 342.00

表 6—29 惠民超市采购订单（订单号：1602）

序号	商品名称	单位	单价（元）	订购数量	金额（元）
1	好娃娃薯片	箱	196.00	7	1 372.00
2	诚诚油炸花生仁	箱	172.00	10	1 720.00
3	旺旺饼干	箱	486.00	3	1 458.00
4	雪碧	瓶/支	3.00	15	45.00
5	椰树椰汁	瓶/支	4.00	15	60.00
合计					4 655.00

表 6—30 四季青商贸有限公司采购订单（订单号：1605）

序号	商品名称	单位	单价（元）	订购数量	金额（元）
1	诚诚油炸花生仁	箱	172.00	10	1 720.00
2	旺旺饼干	箱	486.00	3	1 458.00
3	康师傅矿物质水	箱	24.00	10	240.00
合计					3 418.00

表 6—31 万家乐超市采购订单（订单号：1601）

序号	商品名称	单位	单价（元）	订购数量	金额（元）
1	康师傅矿物质水	箱	24.00	10	240.00
2	好娃娃薯片	箱	196.00	6	1 176.00
3	诚诚油炸花生仁	箱	172.00	5	860.00
4	旺旺饼干	箱	486.00	2	972.00
5	可口可乐	瓶/支	3.00	10	30.00
6	心心相印（优选）面巾纸	盒	5.00	14	70.00
合计					3 348.00

表 6—32 旺旺超市采购订单（订单号：1603）

序号	商品名称	单位	单价（元）	订购数量	金额（元）
1	旺旺饼干	箱	486.00	5	2 430.00
2	联想台式电脑	箱	3800.00	6	22 800.00
3	可口可乐	瓶/支	3.00	10	30.00
合计					25 260.00

四、客户档案

客户档案如表 6—33 至表 6—42 所示。

表 6—33 客户档案一

客户编号	20030401						
公司名称	华伟商贸有限公司				代码	HW	
公司性质	中外合资	所属行业	商业	注册资金	200 万元	经营范围	食品、办公用品
信用额度	8 万元	忠诚度	一般	满意度	较高	应收账款	4.8 万元
客户类型	普通型				客户级别	B	
建档时间	2003 年 4 月				维护时间	2012 年 2 月	

表 6—34 客户档案二

客户编号	20040602						
公司名称	旺旺超市				代码	WW	
公司性质	民营	所属行业	零售业	注册资金	80 万元	经营范围	日用品、食品、办公用品
信用额度	10 万元	忠诚度	一般	满意度	高	应收账款	9.8 万元
客户类型	普通型				客户级别	B	
建档时间	2004 年 6 月				维护时间	2012 年 5 月	

表 6—35 客户档案三

客户编号	20030203						
公司名称	家佳福超市				代码	JJF	
公司性质	民营	所属行业	零售业	注册资金	70 万元	经营范围	日用品、食品、办公用品
信用额度	12 万元	忠诚度	一般	满意度	高	应收账款	9.7 万元
客户类型	普通型				客户级别	B	
建档时间	2003 年 2 月				维护时间	2012 年 4 月	

表 6—36 客户档案四

客户编号	20060504						
公司名称	天天超市				代码	TT	
公司性质	民营	所属行业	零售业	注册资金	400 万元	经营范围	食品、办公用品
信用额度	50 万元	忠诚度	高	满意度	高	应收账款	42 万元
客户类型	重点型				客户级别	A	
建档时间	2006 年 5 月				维护时间	2012 年 2 月	

表 6—37 客户档案五

客户编号	20090105						
公司名称	惠民超市				代码	HM	
公司性质	民营	所属行业	零售业	注册资金	2 000 万元	经营范围	食品、日用百货、办公用品
信用额度	180 万元	忠诚度	高	满意度	高	应收账款	152.5 万元
客户类型	重点型				客户级别	A	
建档时间	2009 年 1 月				维护时间	2012 年 5 月	

表 6—38 客户档案六

客户编号	20011206						
公司名称	四季青商贸有限公司				代码	SJQ	
公司性质	中外合资	所属行业	商业	注册资金	3 200 万元	经营范围	日用品、食品、办公用品
信用额度	200 万元	忠诚度	高	满意度	高	应收账款	99.5 万元
客户类型	母公司				客户级别	A	
建档时间	2001 年 12 月				维护时间	2012 年 3 月	

表 6—39 客户档案七

客户编号	20080807						
公司名称	万家乐超市				代码	WJL	
公司性质	中外合资	所属行业	零售业	注册资金	1 600 万元	经营范围	食品、日用品、办公用品
信用额度	150 万元	忠诚度	一般	满意度	高	应收账款	125 万元
客户类型	普通型				客户级别	B	
建档时间	2008 年 8 月				维护时间	2012 年 5 月	

表 6—40　　客户档案八

客户编号	20070708						
公司名称	一点红商贸有限公司				代码	YDH	
公司性质	外资	所属行业	商业	注册资金	600 万元	经营范围	食品、日用百货、办公用品
信用额度	15 万元	忠诚度	一般	满意度	一般	应收账款	9.5 万元
客户类型	普通型				客户级别	B	
建档时间	2007 年 7 月				维护时间	2012 年 3 月	

表 6—41　　客户档案九

客户编号	20090809						
公司名称	鼎先商贸有限公司				代码	DX	
公司性质	国有	所属行业	商业	注册资金	400 万元	经营范围	服装、食品、办公用品
信用额度	15 万元	忠诚度	一般	满意度	一般	应收账款	13 万元
客户类型	普通型				客户级别	B	
建档时间	2009 年 8 月				维护时间	2012 年 3 月	

表 6—42　　客户档案十

客户编号	20050510						
公司名称	零点超市				代码	LD	
公司性质	中外合作	所属行业	零售业	注册资金	60 万元	经营范围	日用品、食品、办公用品
信用额度	24 万元	忠诚度	一般	满意度	高	应收账款	19 万元
客户类型	普通型				客户级别	B	
建档时间	2005 年 5 月				维护时间	2012 年 4 月	

五、仓库库存表

仓库的库存情况如表 6—43 至表 6—45 所示。

表 6—43　　重力货架库存表

序号	货品编码/条码	货品名称	货位	数量	单位
1	6901424333948	王老吉凉茶	Z1-01-02-01	10	箱
2	6901424333948	王老吉凉茶	Z1-02-01-01	20	箱
3	6925011022012	红牛方便面	Z1-01-03-02	20	箱
4	6922266437342	戴尔台式电脑	Z1-02-02-02	22	箱
5	6922654700112	喜洋洋背包	Z1-01-02-03	30	箱
6	6920226613033	精灵鼠标	Z1-02-01-03	18	箱

表 6—44　　阁楼式货架库存表

序号	货品编码/条码	货品名称	货位	数量	单位
1	6908512108419	可口可乐	G1-01-01-02	18	瓶
2	6901347800053	椰树椰汁	G1-01-02-02	20	瓶
3	6908512109416	雪碧	G1-01-03-02	20	瓶

表 6—45　　摘取式电子标签库存表

序号	货品编码/条码	货品名称	货位	数量	单位
1	6922868286874	心心相印（优选）面巾纸	D1-01-03-02	19	盒
2	6949085300053	尝响油多多超级蛋王	D1-01-05-01	20	只
3	6901236340363	维达双抽（绵柔）面巾纸	D1-01-01-02	21	盒
4	6901236341056	维达纸面巾	D1-01-06-02	20	包
5	6922233613045	五月花盒装面巾纸	D1-01-06-01	2	盒
6	6922266436192	真真纸手帕（18 包）	D1-01-02-01	12	袋

六、订单有效性判定法则

订单有效性的判定：可的配送中心对累计应收账款超过信用额度 15%的客户，其订单视为无效订单。

七、配送中心与客户之间的距离

浙江可的配送中心有额定载重量为 500kg、L1600×W1200×H1200（长×宽×高）的 2 辆配送车可供送货（实际操作时只配载一辆）。该配送中心的配送网络如图6—46 所示。

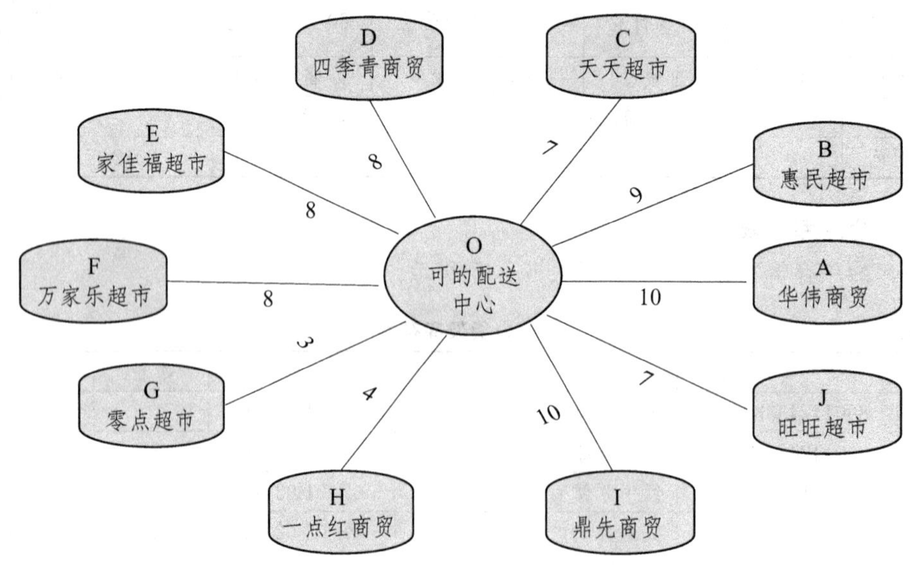

图 6—46　可的配送中心与客户之间的距离

浙江可的配送中心到各客户及两两客户之间的最低里程数值如图 6—47 所示。

	可的配送中心									
华伟商贸	10	华伟商贸								
惠民超市	9	4	惠民超市							
天天超市	7	9	5	天天超市						
四季青商贸	8	14	10	5	四季青商贸					
家佳福超市	8	18	14	9	6	家佳福超市				
万家乐超市	8	18	17	15	13	7	万家乐超市			
零点超市	3	13	12	10	11	11	6	零点超市		
一点红商贸	4	14	13	11	12	12	8	2	一点红商贸	
鼎先商贸	10	11	15	17	18	18	17	11	9	鼎先商贸
旺旺超市	7	4	8	13	15	15	15	10	11	8	旺旺超市

图 6—47　可的配送中心到各客户及两两客户之间的最低里程数值

八、设备清单

可的配送中心目前有下列设备，在方案实施阶段需要下列设备用于货物的装卸、搬运及上架。设备种类、规格、型号及使用成本如表 6—46 所示。

表 6—46　设备清单

序号	设备名称	设备规格	设备型号	使用成本	可供数量	计费规则
1	托盘	长×宽×高 L200mm×W1000mm×H15mm	托盘	20 元/个	6	按使用个数计算
2	地牛	2000kg	手动	0.01 元/辆每秒	1	每种设备只允许租赁两次（入库一次，出库一次）
3	半电动堆高车	载重 1t 起升高度 2.5m	半电动	0.05 元/辆每秒	1	
4	重型货架	2 排 3 列 3 层货架	重型托盘货架	30 元/个	见货位储存图	按使用个数计算
5	摘取式电子标签及流利式货架		瑞意博 RY10-1360	免费	1 组	
6	播种式电子标签及货架		瑞意博 RY10-1350	免费	1 组	
7	阁楼式货架			免费	1 组	模拟

续前表

序号	设备名称	设备规格	设备型号	使用成本	可供数量	计费规则
8	计算机	PC 机	DELL330	免费	一台	
9	WMS	中诺思 WMS	V2.0	免费	一套	
10	手持终端	MOTO	C500W	免费	一台	队员都可使用
11	条形码标签纸	104mm×45mm		10 元/组	50 张	托盘、周转箱条码标签需要自己打印，按实际使用数量计费
12	无动力滚筒输送机	L1500mm×W550mm×H750mm		免费	1 套	
13	半自动传输机	L4500mm×W550mm×H750mm		免费	1 套	输送摘取式电子标签货架拣选的货物
14	简易配送车	L1600mm×W1200mm×H1200mm	载重量 500kg	0.05 元/辆每秒	1 辆	从租赁开始计费直到比赛结束
15	折板箱	L590mm×W400mm×H350mm	塑料折板箱	免费	10 个	
16	周转箱	L602mm×W402mm×H267mm	塑料周转箱	免费	4 个	
17	手推车	载重量 50kg	ST50	免费	1 辆	
18	人工费成本	主管 1 人、仓库管理员 2 人		0.05 元/人每秒	3 人	从方案实施比赛计费，直到比赛结束
19	超常租赁成本	增加一次租赁设备的费用		50 元/次		第一次租赁免费，以后每增加一次租赁，增加 50 元/次的成本

相关注意事项如下：

(1) 使用设备时应按照相关设备的操作规程进行。

(2) 托盘长距离移动时，应使用地牛拖拉；托盘上不允许货物间堆压混装；电动堆高车仅允许在仓储区和托盘交接区使用，使用时应注意安全；拖拉地牛时，不允许跑动。

(3) 使用手持终端设备时，应轻拿轻放，手持终端传递信息需要一定的时间，请不要反复按键，以免死机。

（4）方案实施完成时，所有设备必须放回设备存放区，空托盘放回托盘存放区。

（5）托盘编码为10000001～10000009，周转箱编码为20000001～20000005。购买条码10元/组（每组2个条码），在实施储配方案时粘贴条码。

（6）重型货架说明：2排3列3层货架。货位条码编制采用库区、排、列、层四号定位法，如Z1-02-01-03，代表的信息是Z1库区第2排第1列第3层。各参赛队所在赛区均指定为Z1库区。

九、重型货架库存图

重型货架库存图如图6—48所示。

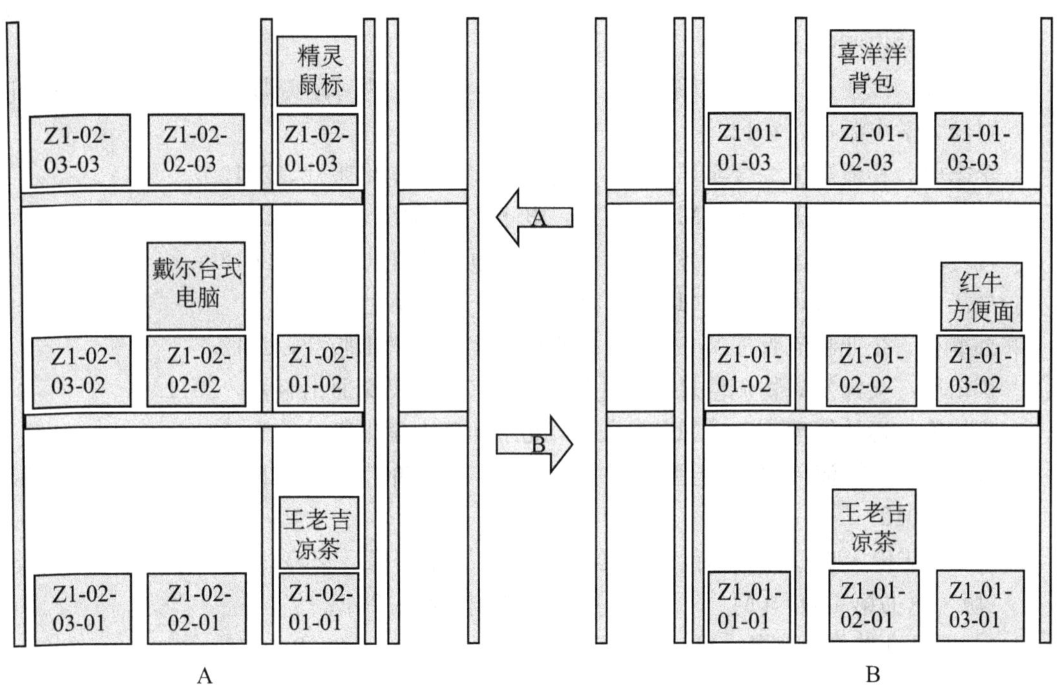

图6—48　重型货架库存图

参考文献

[1] 中国物流行业岗位规范指导丛书编委会．物流企业配送作业岗位管理［M］．北京：中国海关出版社，2008.

[2] 季永青，江建达．物流运输管理——理论、实务、案例、实训［M］．大连：东北财经大学出版社，2012.

[3] 李志勇．物流岗位综合实训［M］．北京：清华大学出版社，2012.

[4] 孙秋高．仓储管理实务［M］．北京：电子工业出版社，2012.

[5] 宣玲玲．国际货运代理实务［M］．北京：电子工业出版社，2012.

[6] 吴汪友．采购管理实务［M］．北京：电子工业出版社，2013.

[7] 孙继利．企业物流管理实务［M］．北京：北京大学出版社，2012.

[8] 李佑珍，吴汪友．物流信息技术［M］．北京：人民交通出版社，2011.

[9] 李佑珍．运输管理实务［M］．北京：北京师范大学出版社，2011.

[10] 武晓钊．物流专业技能型人才分级培养与评价［M］．北京：中国经济出版社，2012.

[11]［英］艾伦·哈里森，［荷］雷姆科·范赫克．李严峰，李婷，译．物流管理（英文版·原书第4版）［M］．北京：机械工业出版社，2013.

[12] 刘毅．仓储作业实务［M］．北京：机械工业出版社，2009.

[13] 保让·安德森等．郎菲译．绘制工作流程图［M］．北京：中国标准出版社，2010.

[14] 李晓龙．物流管理实验教程［M］．北京：北京大学出版社，2012.

[15] 李育蔚．仓储精细化管理全案［M］．北京：人民邮电出版社，2012.

[16] 周晓晔．物流项目管理［M］．北京：北京大学出版社，2011.

[17] 王国文．仓储规划与运作［M］．北京：中国物资出版社，2009.

信息反馈表

尊敬的老师，您好！

为了更好地为您的教学、科研服务，我们希望通过这张反馈表来获取您更多的建议和意见，以进一步完善我们的工作。

请您填好下表后以电子邮件、信件或传真的形式反馈给我们，十分感谢！

一、您使用的我社教材情况

您使用的我社教材名称			
您所讲授的课程		学生人数	
您希望获得哪些相关教学资源			
您对本书有哪些建议			

二、您目前使用的教材及计划编写的教材

您目前使用的教材	书名	作者	出版社
您计划编写的教材	书名	预计交稿时间	本校开课学生数量

三、请留下您的联系方式，以便我们为您赠送样书（限1本）

您的通讯地址			
您的姓名		联系电话	
电子邮件（必填）			

我们的联系方式：

地　址：苏州工业园区仁爱路158号中国人民大学苏州校区修远楼

电　话：0512-68839319　　传　真：0512-68839316

E-mail：huadong@crup.com.cn　　邮　编：215123

微　博：http://weibo.com/cruphd　　QQ（华东分社教研服务群）：34573529

信息反馈表下载地址：http://www.crup.com.cn/hdfs